구약 강해시리즈 (1)

왕 같은 자의 축복

엘리사 (하)

Elisha

잃은 자의 축복-엘리사 하

이중수 글

처음 찍은날 · 2017년 3월 21일
처음 펴낸날 · 2017년 3월 27일
펴낸이 · 오명진
펴낸곳 · 양들의식탁
출판등록 · 제2015-00018호
주소 · 서울 서초구 강남대로 455, B710호(서초동 강남태영데시앙루브)
전화 · (02)939-5757
보급 · 비전북 전화 (031)907-3927 팩스 080-907-9193
이메일 · jsleemar22@gmail.com(이중수), boseokdugae@hanmail.net(오명진)
페이스북 · 밝은교회-양들의 식탁

ISBN 979-11-960446-2-6 04230
ISBN 979-11-960446-0-2 04230 (세트)

이 도서의 국립중앙도서관 출판시도서목록(CIP)은 서지정보유통지원시스템 홈페이지(http://seoji.nl.go.kr)와
국가자료공동목록시스템(http://www.nl.go.kr/kolisnet)에서 이용하실 수 있습니다.(CIP제어번호: CIP2017006087)

구약 강해시리즈 (1)

읽은 자의 축복

엘리사 (하)

Elisha

양들의식탁

머리말

엘리사 선지자는 두 가지 특징을 드러낸 사역자라고 말할 수 있습니다.

첫째, 그는 메시지를 글로 남겼던 대선지서나 소선지서들의 저자들과는 달리 글보다는 행동으로 사역하였습니다. 특히 그의 기적은 초기 사역에서부터 말년에 이르기까지 계속되었습니다. 심지어 그는 죽어서도 기적을 행하였습니다. 그의 마른 뼈에 닿았던 시체가 살아났기 때문입니다. 그의 기적들은 죽은 자에게 생명을 주고, 죄를 씻기며, 영적 굶주림에서 해방하고, 국제정세를 주관하시는 하나님의 구원을 대변하는 메시지였습니다.

둘째, 엘리사 선지자는 담대한 신앙으로 사는 것이 어떤 모습인지를 보여줍니다. 그는 일개 농부였지만 하나님의 부르심을 받은 이후로 큰 인물로 성장하였습니다. 그는 어려운 자들을 깊은 관심으로 대하였고 기꺼이 도왔습니다. 그는 왕들이나 고관들 앞에서 당당하였고 하나님의 권위와 품위를 손상하는 일을 하지 않았습니다. 하나님의 부르심을 받았다고 해도 끝까지 충성과 담대함으로 살지 않는 종들도 있습니다. 그러나 엘리사는 죽음의 병상에서까지 하나님의 선한 뜻을 조금도 의심하지 않고 마지막 순간까지 헌신하였습니다.

엘리사는 평범한 사람으로서 큰일을 했지만, 그의 성품에 별다른 흠이 있거나 사역에 결함이 있다는 지적은 받지 않았습니다. 우리 모두 엘리사의 하나님을 신뢰하여 그의 사역에서 나타난 하나님의 사랑과 능력을 각자의 삶 속에서 체험하기를 기원합니다.

이중수

차례

1장
나아만 장군의 믿음

열왕기하 5:1~14

Elisha 엘리사

"아람 왕의 군대 장관 나아만은 그의 주인 앞에서 크고 존귀한 자니 이는 여호와께서 전에 그에게 아람을 구원하게 하셨음이라 그는 큰 용사이나 나병환자더라"(5:1)

본 스토리의 특징은 포로로 잡힌 한 어린 여종의 증언에서부터 시작됩니다. 왕이나 장군과 같은 지체 높은 사람들보다 종들의 믿음이 돋보이는 스토리입니다(13절). 본문은 나아만 장군이 나병에서 치유되기까지의 과정을 설명함과 동시에 구원은 단순한 믿음으로 받는다는 진리를 예시합니다.

아람 왕: 청탁의 글과 많은 예물을 보냈습니다. 통상적인 외교 방식입니다.

이스라엘 왕: 나아만 장군의 나병 치유 부탁을 아람 왕의 정치적인 시빗거리로만 보았습니다(7절). 그는 이스라엘에 하나님의 선지자가 있는 사실을 전혀 고려하지 않았습니다.

나아만 장군: 아람(수리아 혹은 시리아)의 총사령관이었습니다. 그는 아람 왕이 가장 신임하는 용장이었는데 한 가지 개인적인 문제가 있었습니다. 그는 당시의 의학으로는 고칠 수 없는 나병 환자였습니다.

: 하나님은 단순한 믿음을 사용하여 큰일에 이바지하게 하십니다.

나아만은 이방 나라의 유명한 장군이었습니다. 그는 이스라엘의 한 작은 여종을 둔 덕택으로 자신의 불치병을 치유받았습니다. 이 여종은 아람이 이스라엘을 침략했을 때 사로잡혀 나아만의 아내에게 수종을 들었던 "어린 소녀"(2절)였습니다. 어릴 때 적국에 붙잡혀 갔으니 얼마나 부모 형제들이 보고 싶었겠습니까? 그는 강제로 노예가 되어 아무도 모르는 이방 땅에서 종살이했습니다. 그런데도 이 '어린 소녀'는 고국에서 섬겼던 여호와 하나님을 잊지 않았습니다. 이것은 매우 가상한 일입니다.

아람 나라에서는 림몬 신을 주신(主神)으로 섬겼습니다(왕하 5:18). 나아만 총사령관은 림몬 신당에서 아람 왕을 보좌하며 함께 경배하였습니다. 그런데 어떻게 이스라엘의 한 '어린 소녀'가 나아만 총사령관의 집에서 종살이하면서 여호와 하나님을 섬길 수 있었겠습니까? 여기서 우리는 두 가지 교훈을 배울 수 있습니다.

첫째, 믿음 생활은 어릴 때부터 시작해야 오래 간다는 것입니다.

일반적으로 어릴 때는 부모가 시켜서 교회를 다니지만, 나이가 들어서는 믿음 생활을 하지 않는다고 생각합니다. 그러나 어릴 적에 복음을 듣고 교회를 다닌 자들의 상당수가 커서도 믿음 생활을 계속하는 경우가 적지 않습니다. 이스라엘의 '어린 소녀'는 주변에 여호와 하나님을 믿는 사람이 아무도 없었음에도 빛나는 증인으로 살았습니다. 이스라엘에서 어려서부터 여호와 하나님을 믿었기 때문입니다. 부모와 교회는 어린 자녀들에게 복음을 전수하는 것을 가장 중요한 유산으로 여겨야 합니다.

둘째, 하나님은 단순한 믿음을 사용하신다는 사실입니다.

이스라엘의 어린 소녀는 나아만의 불치병을 보고 이스라엘에서 활동하는 하나님의 선지자인 엘리사를 떠올렸습니다. 나병이 얼마나 무섭고 혐오감을 주는 불치병이라는 것은 그 어린 여종도 잘 알았을 것입니다. 그런데도 이 소녀는 여호와 하나님에 대한 단순한 믿음을 가지고 있었습니다. 그는 여호와가 참 하나님이라는 사실과 엘리사가 하나님께서 크게 쓰시는 참 선지자며 하나님의 능력으로 기적을 행할 수 있음을 믿었습니다. 이방 나라에 붙잡혀 간 이 어린 소녀에게 성경책이 있을 리 없고 누가 그에게 성경을 가르쳐 줄 리도 없었습니다. 그러나 이 소녀는 고국 땅에서 듣고 배웠던 말씀을 기억하고 단순히 그대로 믿고 있었습니다. 하나님이 사용하시는 믿음은 복잡한 것이 아닙니다. 신학을 하거나 연구를 많이 해야만 하나님께서 친히 사용하시는 믿음이 생기는 것이 아닙니다. 아무리 성경을 많이 알아도 하나님을 단순하게 신뢰하는 믿음이 없으면 아무 소용이 없습니다.

중국의 유명한 성경 교사며 전도자였던 웟치만 니(Watchman Nee)는 영국의 한 집회에 초대된 적이 있었습니다. 그때 모였던 영국 교인들이 자기들의 모임을 자랑하며 성경 지식을 많이 가진 것을 자랑스럽게 여긴다고 말했습니다. 가만히 듣고 있던 웟치만 니는 불쑥 일어서서 이렇게 한 마디 던졌습니다. "당신들은 그런 지식으로는 중국에 있는 귀신들을 쫓아내지 못할 것입니다."

우리에게 신학도 필요하고 성경 연구도 있어야 합니다. 그러나 하나님께서 그의 나라를 위해서 사용하시는 믿음은 단순한 믿음입니다. 진정으로 위대한 신학자라면 단순한 믿음으로 하나님의 진리의 말씀과 그 능력을 드러낼 수 있어야 합니다. 구약의 선지자들이 모두 그러하였고 신약의 사도들도 그랬습니다. 바울은 대신학자였지만 주 예수를 전적으로 신뢰하는 단순한 믿음이 있었기 때문에 이론으로 그치지 않고 하나님의 큰 종으로 쓰임을 받았습니다. 그래서 예수님은 어린아이와 같이 되지 않으면 누구도 하나님 나라에 들어갈 수 없다고 하셨습니다. 하나님의 나라는 단순한 믿음을 가진 자들에 의해서 성장하고 발전합니다. 이스라엘의 한 어린 소녀가 가졌던 단순한 믿음은 나아만과 같은 지체 높은 어른을 설득할 힘이 있었습니다(2, 3절). 이 소녀가 자기 여주인에게 한 말은 너무도 간단하고 단순합니다.

> "우리 주인이 사마리아에 계신 선지자 앞에 계셨으면 좋겠나이다 그가 그 나병을 고치리이다"(3절).

이 말을 들은 나아만의 아내는 남편에게 그대로 전하였고 나아만은 아람 왕에게 가서 "이스라엘 땅에서 온 소녀의 말이 이러이러하더이다"(4절)라고 보고하였습니다. 그리고 아람 왕이 직접 이스라엘 왕에게 특청하는 서신까지 받아서 이스라엘을 향해 길을 떠났습니다. 얼마나 놀라운 일입니까? 작은 소녀의 한 마디가 이처럼 큰 능력을 발휘할 줄을 누가 짐작했겠습니까? 하나님은 단순한 믿음으로 어린아이처럼 주님을 신뢰하는 자들을 통해서 역사하기를 기뻐하십니다. 하나님께서 함께하시면 능력이 나타납니다. 어린 소녀의 단순한 믿음을 주께서 받으시고 함께 하셨기에 나아만의 아내를 비롯하여 나아만 장군과 아람 왕까지 모두 설득이 되었습니다. 한 어린 소녀의 단순한 믿음이 강력한 이방 국가의 왕과 총사령관과 그리고 그의 아내까지 모두 여호와께 소망을 두게 하였습니다.

그렇다면 우리도 주 예수의 복음과 그분의 왕국을 위한 증언의 기회를 놓치지 말아야 합니다. 나같이 힘없는 사람이 하나님을 위해 말한들 누가 듣겠느냐고 생각하지 말아야 합니다. 한 어린 종이 여호와 하나님을 위해 담대하게 증언할 수 있었다면 우리도 그렇게 하지 못할 이유가 없습니다. 단순한 믿음으로 하나님을 신뢰하고 기회가 있을 때마다 상대방의 신분의 고하를 막론하고 주를 위해 증언하십시오. 예상치 못했던 하나님의 능력을 체험하게 될 것입니다.

하나님이 함께하시는 단순한 믿음에는 상상을 뛰어넘는 놀라운 결과가 나타납니다. 신약에 나오는 혈루증 여자가 어떻게 치유를 받았습니까? 그녀는 모든 가산을 치료비에 다 허비한 후에 오직 예수님만이 유일무이한 희망임을 확신하고 주께로 온 힘을 다하여 무리를 헤치고 나아갔습니다. 그 여인은 예수님의 옷깃만 만져도 자기 병이 나을 것을 믿었습니다. 그녀의 손이 예수님의 옷깃에 닿는 순간 어떤 일이 일어났습니까? 혈루증이 완전히 치유되었습니다(막 5:24-34). 단순한 믿음은 주님의 능력이 나가는 통로입니다. 단순한 믿음에는 위선이 없습니다. 단순한 믿음은 환경에 묶이지 않습니다. 단순한 믿음은 자기는 낮추고 하나님은 높입니다. 단순한 믿음은 주님이 어떤 분이시며 무슨 일을 하실 수 있는지를 전폭적으로 확신하며 자기를 투신합니다.

백부장의 종이 어떻게 치유를 받았습니까? 백부장은 예수님이 구태여 자기 집에 누운 병든 종에게로 오시지 않아도 된다고 말했습니다. 그는 예수님이 그저 말씀만 하시면 치유될 수 있다는 단순한 믿음을 보였습니다. 그래서 예수님으로부터 큰 칭찬을 들었고 즉시 그의 종이 치유되었습니다(눅 7:1-10).

하나님께서는 무엇보다도 우리가 그분을 전적으로 신뢰하기를 원하십니다. 전적인 신뢰를 하려면 두려워하거나 우유부단하지 말고 믿음이 단순해야 합니다. 이것은 유치하거나 미신적이거나 신비적인 낙관이 아닙니다. 이스라엘의 어린 소녀와 혈루증 여인과 백부장의 공통점이 무엇입니까? 하나님의 권위와 능력에 대한 전적이고 단순한 신뢰였습니다.

구원의 복음은 매우 심오하고 광대합니다. 하나님께서 만세 전부터 준비하신 놀라운 경륜이 펼쳐지는 대 파노라마가 복음입니다. 복음의 깊이는 영원토록 드려다 보아도 경탄과 찬양이 그치지 않는 달고 오묘한 생명의 말씀입니다. 그러나 복음의 본질은 단순하기 그지없습니다. 복음은 하나님의 약속을 그대로 믿으면 구원의 은혜를 체험한다는 것입니다. 그래서 좋은 소식입니다. 이 복음은 오직 하나님만 신뢰하는 겸비한 마음으로 받아들이면 구원의 능력이 어떤 것인지를 깨닫게 합니다.

: 하나님께서는 단순한 믿음을 보상해 주십니다.

이스라엘의 어린 소녀는 자신의 단순한 믿음이 얼마나 큰 성과를 거둘 것인지를 미처 다 상상할 수 없었을 것입니다. 그러나 하나님은 주를 신뢰하는 단순한 믿음을 여러 배로 갚아 주십니다. 그럼 하나님께서 어떻게 갚으셨을까요?

첫째, 아람 왕과 나아만 장군이 이스라엘에 호의를 얻으려고 고개를 숙이게 하셨습니다.

아람은 당시에 걸핏하면 이스라엘을 침략하여 큰 피해를 끼쳤습니다. 그러나 아람 왕이 직접 이스라엘 왕에게 나아만 총사령관의 치유를 위하여 부탁하게 되었습니다. 침략국과 외교를 하려면 불리한 조건을 수락해야 하고 공물을 바쳐야 하는데 오히려 아람 왕이 저자세로 나왔습니다. 유감스럽게도 당시의 이스라엘 왕이었던 여호람(왕하 1:17; 3:1; 9:24)은 아람 왕의 청탁 친서를 읽고 크게 당황하며 정치적인 시비를 걸기 위한 수작이라고 해석하였습니다.

> "내가 사람을 죽이고 살리는 하나님이냐 그가 어찌하여 사람을 내게로 보내 그의 나병을 고치라 하느냐 너희는 깊이 생각하고 저 왕이 틈을 타서 나와 더불어 시비하려 함인줄 알라 하니라"(7절).

여호람이 자신은 비록 왕이지만 일개 인간임을 안 것은 다행한 일입니다. 그는 나병과 같은 불치병은 생사를 주관하시는 하나님만이 고칠 수 있다고 믿었습니다. 그런데 그는 하나님의 사람이 이스라엘에 있기 때문에 이런 이방 국가의 왕이 던지는 도전을 넉넉히 감당할 수 있다는 것은 믿지 않았습니다. 그래서 번민하며 자기 옷을 찢고 어찌할 줄을 몰랐습니다.

이스라엘의 한 작은 소녀는 하나님의 사람이 능히 나아만의 나병을 낫게 할 수 있다고 믿었지만, 이스라엘 왕에게는 그런 단순한 믿음이 없었습니다. 작은 한 무명의 소녀가 이방 나라에 붙잡혀서 종살이하면서도 여호와 하나님을 신뢰한 것에 비하면 여호와 하나님께 충성을 맹세하며 언약을 맺은 이스라엘 국가의 왕이 보인 부정적인 반응은 너무도 대조적입니다.

만일 그가 나아만 총사령관으로부터 이스라엘로 오게 된 사연을 듣고 엘리사 선지자를 소개하여 치유를 받도록 길을 열었다면 외교적으로 얼마나 유리한 입장이 되었겠습니까? 무엇보다도 나아만 장군 집에서 종살이하는 이스라엘의 어린 여종을 귀국시켜 달라고 쉽게 부탁할 수 있었을 것입니다. 그러나 우상숭배에 빠졌던 여호람 왕에게는 여호와를 신뢰하는 단순한 믿음이 없었습니다. 그 결과 그는 아람 왕과 나아만 총사령관과의 외교적 호기를 놓쳤습니다.

이방 나라의 왕과 나아만 총사령관은 엘리사 선지자에 대해서 듣고 도움을 구했지만, 이스라엘 왕은 자국에서 활동하는 하나님의 선지자를 알아주지 않았습니다. 그는 엘리사에게 이 문제를 의논하지도 않았고 하나님의 뜻을 찾지도 않았습니다. 그는 아무 대책도 없이 이것을 국가적 위기로 보고 경계할 뿐이었습니다. 믿음이 없으면 하나님을 찾는 자들을 환영할 수 없습니다. 그는 여호와 하나님의 능력을 알릴 좋은 기회를 선용하지 못하고 아람왕과 나아만 장군의 노여움을 일으켰습니다. 이때 엘리사가 개입하였습니다(8절). 그는 이스라엘의 선지자답게 담대히 말했습니다.

> "그 사람을 내게로 오게 하소서 그가 이스라엘 중에 선지자가 있는 줄을 알리이다"(8절).

자신의 사역을 통해서 하나님의 능력이 드러난다는 사실을 확신하고 이방인의 도전에 맞서는 것은 믿음의 담력입니다. 자신의 소명과 때를 알아보고 하나님의 도움을 찾는 자에게 "그 사람을 내게로 오게 하소서"라고 초대할 수 있는 것은 반드시 유명한 선지자가 아니라도 우리 각자가 받은 소명이기도 합니다. 하나님은 우리에게 나병 환자를 보내시지 않을지 모릅니다. 그러나 나병과 같은 죄에 빠진 세상 죄인들은 십자가의 피로써 깨끗해질 수 있습니다. 하나님은 우리 주변에서 십자가의 구원으로 죄를 용서받고 하나님의 자녀들이 되어야 할 자들을 만나게 하십니다. 그들을 그리스도의 이름으로 환영하고 십자가 구원의 생명으로 인도하는 것은 우리 모두의 소명입니다.

여호람은 악명 높은 아합 왕가의 왕이었습니다. 그는 아합의 둘째 아들로서 자기 형인 아하시아의 뒤를 이어 왕이 되었습니다(왕하 1:17). 아하시아는 난간에서 떨어져 중상을 입었을 때 에그론 신 바알세붑에게 병이 낫겠는지를 물었습니다. 그는 엘리야 선지자로부터 이스라엘에 하나님이 없어서 그런 짓을 했느냐는 힐책을 받고 하나님의 예고대로 올라간 침상에서 내려오지 못하고 죽었습니다. 여호람도 이런 아합 왕가의 악습에 젖은 자였기에 하나님의 말씀을 신뢰하지 않았습니다(왕하 3:1-3).

그런데 이스라엘의 한 어린 소녀가 보인 단순한 믿음은 이스라엘의 왕이 갖추지 못한 위력이 있었습니다. 그녀의 믿음은 적국의 총사령관이 이스라엘의 호의를 받기 위해 예물을 들고 오게 하였습니다. 이스라엘은 가만히 앉아서 적국이 스스로 고개를 숙이고 잘 보아 달라고 하는 부탁을 받았습니다. 한 작은 소녀가 보인 여호와에 대한 단순한 믿음은 이스라엘의 위상이 국가적으로 올라가게 하는 긍정적인 원인이 되었습니다.

둘째, 나아만 총사령관이 여호와 종교로 개종하는 놀라운 사건이 생겼습니다.

나아만은 처음에 엘리사의 처방을 받고 화를 냈습니다. 엘리사는 나아만을 만나지도 않고 사람을 보내어 "요단 강에 몸을 일곱 번 씻으라"고 지시했기 때문입니다. 나아만은 엘리사가 자기에게 와서 정중히 맞이하고 여호와의 이름을 부르면서 상처 위에 안수하여 줄 것으로 기대했습니다. 그는 또 요단 강물보다 자기 나라의 다메섹에 있는 강들이 훨씬 낫다고 여겼습니다. 나아만은 치유를 위해서는 여러 가지 외형적인 종교의식을 시행하고 장소도 요단 강과 같은 좁고 작은 강이 아닌 큰 강에서 해야 한다고 믿었습니다.

> "다메섹 강 아마나와 바르발은 이스라엘 모든 강물보다 더 낫지 아니하냐 내가 거기서 씻으면 깨끗하게 되지 아니하랴 하고 몸을 돌려 분노하여 떠나니"(12절)

세상은 아마나와 바르발을 치유책으로 제시합니다. 세상에는 요단 강에 가서 몸을 씻는 것보다 더 낫다고 주장하는 옵션들이 많습니다. 그러나 나병과 같은 인간의 죄는 하나님의 강에서 몸을 담그지 않으면 치유될 수 없습니다. 더 크고 깨끗한 물이 문제가 아닙니다. 문제가 되는 것은 강의 크기나 수질이 아니고 질병 자체의 치유를 위해 하나님께서 지시하시는 말씀을 신뢰하는 것입니다. 그런데 이 질병은 죽음에 이르는 죄의 병입니다. 세상의 아마나와 바르발로서는 이 병을 고칠 수 없습니다.

> "다른 이로써는 구원을 받을 수 없나니 천하 사람 중에

구원을 받을 만한 다른 이름을 우리에게 주신 일이 없음이라 하였더라"(행 4:12).

나아만 장군은 "내 생각"(11절)에 따라 처방과 치유가 이루어져야 한다고 보았습니다. 그러나 여호와의 생각은 인간의 생각과 다르고 여호와의 방법도 인간의 방법과 다릅니다(사 55:8). 나아만은 여호와의 생각이 자기 생각보다 높고 옳다는 것을 아직 몰랐습니다. 사람들은 중요한 일일수록 여러 절차나 성대한 의식이 없으면 신뢰하지 않고 가볍게 여기는 경향이 있습니다. 그러나 복음에는 의식이 필요하지 않습니다. 인간이 만든 종교에서는 진리의 말씀이 없기 때문에 사람의 마음을 붙잡을 수 있는 외형적인 의식과 절차를 넣어 권위를 입히고 인위적인 신앙을 일으키려고 합니다.

복음은 하나님의 진리 말씀 자체로서 충분합니다. 하나님은 말씀 하나로 세상 만물을 창조하셨습니다. 물론 하나님을 경배할 때에 복음의 내용을 담기 위한 수단으로서 의식적인 절차를 밟을 수 있습니다. 그러나 중요한 것은 내용이지 형식 자체의 틀이 아닙니다.

종교 개혁이 일어난 이유의 하나도 초대 교회의 단순한 예배에서 점차 화려한 예배와 사치한 교회당과 교권 중심으로 교회가 발전하면서 교리적으로 부패했기 때문이었습니다. 이러한 의식과 외장 위주의 교회를 유지하기 위해서 어떤 일을 하였습니까? 하나님의 영광을 위하고 복을 받게 한다는 거짓된 가르침으로 많은 헌금을 요구하였습니다. 그래서 모인 막대한 헌금의 오용이 도덕적 타락을 일으켰습니다. 이것은 현대 교회에 경종이 되어야 합니다. 과거 70년대 이후로 우리나라 교회는 교회당 건축에 많은 에너지와 재물을 쏟았습니다. 교회당 건축을 성전 건축이라는 미명으로 교인들의 재정적 희생을 요구하였고, 목회자의 위상과 교회의 외형적 치장에 우선권을 두었습니다.

그 결과가 무엇입니까? 교회는 집단적 이기주의와 기복 신앙의 온상이 되었고 기독교의 하나님을 우상 종교의 저급한 신들의 수준으로 격하시켰습니다. 물론 교회에서 설교도 하고 성경공부도 하지만 일반적으로 말해서 전체적인 교회 분위기는 복음의 진리와 원칙에 복종하는 삶과는 거리가 멀다고 해도 과언이 아닙니다. 오늘날의 교회 현상을 진단해 보십시오. 종교적 편의주의와 소비자 중심의 상리적 경영 프로그램이 주종을 이루는 성공주의의 세속적 가치관이 활개를 치는 무대로 전락하지 않았습니까?

단순하고 순수한 복음 신앙은 강단에서 찾아보기 힘듭니다.

흥미 본위의 구사력으로 세상 이야기를 늘어놓고 처세를 삶의 방식으로 제시하는 메시지들이 인기의 열풍을 일으킵니다. 그런데 예배가 끝나면 남는 것이 무엇입니까? 하나님의 임재를 체험하고 복음의 진리가 지닌 강력한 능력이 내 영혼에 파고드는 감격이 있습니까? 주 예수를 위해 더욱 힘써 복음의 증인이 되어야 하겠다는 새로운 각오가 생깁니까? 성경을 새롭게 읽고 구원의 진리를 더욱 깊이 깨달아 하나님이 원하시는 삶을 살아야 하겠다는 자성과 헌신의 마음이 일어납니까? 어떤 성도가 고백하는 말이 교회당에 들어갈 때는 살아서 들어가는데 나올 때는 시체가 되어서 나온다고 했습니다. 어디 한두 교인의 고백이겠습니까?

나아만은 마병과 금은 보물과 값비싼 옷들과 여러 종을 거느리고 자신의 높은 신분을 과시하며 엘리사의 집으로 갔습니다 (9절). 그러나 엘리사는 문전에도 나가보지 않았습니다. 그가 허리를 굽히고 나아만 총사령관을 영접하지 않은 까닭이 무엇입니까? 이것은 무례한 것이 아니고 구원의 복음이 지닌 참모습을 보여 주기 위한 것이었습니다.

여호와 하나님이 주시는 구원은 나아만의 높은 신분이나 많은 예물에 달린 것도 아니고 갖가지 의식에 달린 것도 아님을 나아만은 알아야 했습니다. 나아만은 자신이 고국에서 늘 받던 식의 극진한 대우를 이스라엘의 선지자에게서도 받을 것으로 기대하였습니다. 그는 엘리사가 그의 방문을 영광으로 여기면서 당연히 받을 축복이라도 되듯이 종교적인 격식과 의례를 갖춘 일종의 치유 행사를 거행할 것으로 여겼습니다. 그러나 그는 엘리사의 얼굴도 보지 못하고 그의 집 앞에 서 있어야 했습니다.

하나님께서 나아만에게 요구하시는 것은 단순한 믿음이었습니다. 단순한 믿음은 겸손한 믿음입니다. 자신의 겉치레를 벗어버리고 여호와 하나님의 말씀 앞에 엎드리는 것입니다. 나아만은 엘리사 선지자가 말하는 대로 요단 강에 몸을 일곱 번 담그기만 하면 치유될 것이었습니다. 하나님의 약속을 그대로 받아들이는 것이 단순한 믿음입니다. 단순한 믿음은 '내 생각'을 버리고 '하나님의 생각'을 따르는 것입니다. 다행스럽게도 나아만의 종들은 영적 분별력에 있어서 나아만보다 나은 사람들이었습니다. 그들은 자존심이 상한 나아만 장군에게 엘리사의 말대로 행하라고 간청하였습니다.

하나님의 방법은 대체로 단순합니다. 지시하는 내용도 분명합니다. 그런데 우리는 잘 이해할 수 없고 어려워야 권위가 있는 것처럼 생각합니다. 우리 말에 '문자를 쓴다'는 표현이 있습니다. 공연히 어렵게 하여 권위를 세우려고 하는 것을 두고 하는 말입니다. 흔히 심오하다는 것은 어렵고 복잡한 것들을 가리킵니다. 쉽고 단순하면 별것이 아니라고 무시합니다. 그래서 나아만처럼 "내 생각에는" 하고 불만스러워합니다. 그러나 복음은 복잡하지 않고 단순합니다. 우리는 단순한 믿음으로 구원을 받습니다. 사람들이 복음을 믿지 못하는 까닭은 복잡하고 어려워서가 아니라 단순한 진리의 말씀을 그대로 받아들이지 않기 때문입니다. 하나님은 우리가 구원받기 위해서 어려운 것을 요구하시지 않습니다.

구원을 어떻게 받을 수 있느냐는 질문을 받으면 우리는 매우 간단하게 설명할 수 있어야 합니다. 한 마디로 그리스도의 십자가를 믿으면 된다고 말하는 것입니다. 번거로운 의식에 참여할 필요도 없고 어려운 공부를 할 필요도 없습니다. 헬라어나 히브리어를 알아야 하는 것도 아닙니다. 신학 박사 학위를 가졌다고 해서 반드시 믿음이 더 좋거나 신앙생활을 더 잘하는 것도 아닙니다. 돈이 있어야 하는 것도 아니고 신분이 좋아야 하는 것도 아닙니다.

구원은 예수 그리스도가 하나님께서 보내신 구속주이심을 믿으면 받습니다. 내가 죄인으로서 마땅히 받아야 할 형벌을 나 대신 십자가에서 받으셨다는 것을 믿으면 됩니다. 그분이 나를 위해 완전한 삶을 대신 사셨고 나를 위해 부활하셨음을 믿으면 됩니다. 그러면 예수님의 부활 생명을 받아 하나님의 영원한 자녀가 됩니다. 이것은 거짓말을 하실 수 없는 거룩하신 창조주 하나님의 약속입니다.

복음의 본질은 너무도 간단명료하여 어린아이들도 믿을 수 있습니다. 그래서 성경에는 한두 마디의 짧은 문장으로 예수님이 누구시며 그분을 통하여 어떻게 구원을 받을 수 있는지를 표현한 곳이 많습니다. 다음 구절들을 찾아보시면 도움이 될 것입니다.

[참고] 요한복음 1:12; 3:15, 16, 18, 36; 5:24; 6:35, 40; 11:25-26; 14:6; 사도행전 16:31; 로마서 10:9, 13; 요한일서 2:2.

나아만은 자기 종들의 말에 설득이 되어 요단 강에 가서 몸을 담그고 나병으로부터 깨끗해졌습니다. 단순한 믿음은 구원의 지름길입니다. 나아만이 어떻게 이런 은혜를 받았습니까? 단순한 믿음으로 하나님의 말씀을 받았습니다. 나아만의 나병치유는 십자가를 신뢰하는 단순한 믿음으로 영적 나병에 걸린 죄인들이 구원을 받는 것에 대한 본보기입니다. 구원을 받기 위해서 무슨 대단한 일을 해야 하는 것이 아닙니다. 구원을 받기 위해 사전 준비를 할 필요도 없습니다. 나아만이 사전에 준비한 금은보화와 예의를 갖춘 행렬과 아람 왕의 친서가 그의 영혼 구원과 나병 치유에 아무런 도움을 주지 않았습니다. 그는 하나님께서 거저 주시는 은혜의 선물을 단순한 믿음으로 받았을 뿐입니다. 그런데도 사람들은 단순한 것을 가치 없게 보는 경향이 있습니다. 예수를 믿어도 힘들게 믿어야 한다고 생각하는 사람들도 있습니다.

중세기부터 교회는 순례자들로 가득합니다. 중세기의 대형 교회들은 거의 예외 없이 성물을 보관하고 있습니다. 성자의 유해나 유물 앞에서 기도하면 응답을 받고 죄도 용서받는다고 믿었기 때문입니다. 그래서 순례자들이 많은 희생을 하면서 먼 길을 떠나고 혹은 자신의 몸을 종교적인 의식이라는 이름으로 자해하면서 하나님의 인정을 얻으려고 했습니다. 이런 자학적인 종교 활동은 이방 종교에서뿐만 아니라 기독교 내에서도 아직 행해지고 있습니다.

사람들은 무엇인가 외면적으로 드러나야 하나님도 좋아하신다고 생각하는 경향이 있습니다. 조용하면 능력이 없어 보이고 외부로 나타나지 않으면 존재하지 않는 것처럼 생각합니다. 과거에 우리나라에 왔었던 선교사들이 한국 교회에서 가장 힘들어한 것의 하나는 목회자들이 강단에서 소리를 지르면서 설교하는 것이었습니다. 조용한 설교보다 큰소리를 지르면서 호령하는 식의 설교가 능력이 있다고 보는 것은 내용보다는 외형적인 것에 점수를 주기 때문입니다. 조용히 안수하는 것보다 요란스럽게 안수하는 것을 좋아하고, 꾸준한 봉사보다 한 번씩 드러나게 열심히 뛰는 것을 알아줍니다. 이런 성향은 문화나 개성과 관계된 것일 수도 있지만, 근본적으로는 복음에 대한 오해에서 비롯된 것입니다.

엘리사는 나아만에게 호령을 하지도 않았고 높고 비싼 강대상 위에 서서 장황한 메시지를 주지도 않았습니다. 그는 나아만과 그의 시종들을 모아놓고 복잡하고 세세한 종교의식을 행하지도 않았습니다. 엘리사는 처음에는 자기 집 문 앞까지 찾아온 나아만을 대면하지도 않았습니다. 그래도 나아만은 치유를 받았습니다. 단순한 믿음으로 요단 강에 가서 자기 몸을 씻었기 때문입니다.

구원은 즉석에서 단순한 믿음의 순종으로 받을 수 있습니다. 죄의 용서를 받고 하나님의 자녀가 되는 것은 단순한 복음을 단순히 믿으면 됩니다. 이것이 나아만에 대한 기사에서 우리가 배우고 다시 확인해야 할 점입니다. 나아만은 요단 강에서 나왔을 때 자신이 즉각적으로 완전히 나은 것을 알았습니다(14절). 그는 단순한 믿음의 결과가 무엇인지를 크게 깨달았습니다. 그는 감격한 나머지 이스라엘의 하나님을 참 신으로 믿고 섬기겠다고 여러 사람 앞에서 공언했습니다. 하나님은 단순한 믿음으로 우리를 구원하십니다. 만약 어려운 절차를 거쳐서 구원을 받게 하셨다면 극소수의 사람들만 천국에 들어갈 것입니다. 그러나 하나님은 자비하셔서 주 예수 그리스도를 자신의 대속주로 믿는 자마다 영생을 얻게 하십니다.

2장
나아만 장군의 신앙 고백

열왕기하 5:15~19

엘리사

"나아만이 모든 군대와 함께 하나님의 사람에게로 도로 와서 그의 앞에 서서 이르되 내가 이제 이스라엘 외에는 온 천하에 신이 없는 줄을 아나이다 청하건대 당신의 종에게서 예물을 받으소서 하니…이제부터는 종이 번제물과 다른 희생제사를 여호와 외 다른 신에게는 드리지 아니하고 다만 여호와께 드리겠나이다"(왕하 5:15, 17).

치유를 받은 나아만의 신앙 고백은 가상합니다(15절). 엘리사는 "그가 이스라엘 중에 선지자가 있는 줄을 알리이다"(8절)라고 하였는데 나아만은 "내가 이제 이스라엘 외에는 온 천하에 신이 없는 줄을 아나이다"(15절)라고 하였습니다. 이것이 능력 있는 사역의 효과입니다. 사역자의 공로가 드러나는 것이 아니라 회심자의 입에서 여호와 하나님의 능력과 유일하신 참 하나님에 대한 고백이 나오는 것이 참 사역의 증거입니다.

선지자가 자기를 내세우기 위해서 이스라엘에 선지자가 있는 줄을 나아만 장군에게 알리겠다고 한 것이 아니었습니다. 그는 자신이 받은 소명을 통해서 나아만 장군이 여호와를 알게 되기를 원했습니다. 그가 자신의 명성이나 유익을 위해서 이 일을 행하지 않았다는 것은 나아만 장군의 예물을 단호히 사양한 사실에서 넉넉히 입증됩니다(16절).

: 나아만의 회심을 위해 길을 터 준 것은 이스라엘의 한 여종의 사랑이었습니다.

나아만 장군의 신앙 고백은 따져 보면 엘리사의 사역 이전으로 거슬러 올라갑니다. 나아만 장군이 이스라엘의 하나님을 만나고 그분의 능력을 체험하게 된 것은 포로로 잡혀갔던 이스라엘의 어린 소녀가 준 간증 덕분이었습니다. 하나님께서는 그 소녀의 간절한 소원이 성취되도록 여러 번의 위기를 넘기게 하셨습니다. 첫 번째 위기는 아람 왕의 친서를 이스라엘 왕이 시빗

거리로 보고 환영하지 않은 것이었습니다. 두 번째 위기는 나아만 장군이 요단 강에 가서 씻으라는 엘리사 선지자의 치유 지시를 받고 분노하여 자리를 떠난 것이었습니다.

첫 번째 위기에서는 하나님께서 엘리사 선지자의 개입으로 극복되게 하셨고, 두 번째 위기에서는 나아만 장군의 종들이 나아만 장군의 마음을 바꾸게 하셨습니다. 여호와 하나님을 경외하는 한 어린 소녀의 증언은 아람 왕과 나아만 장군을 움직이게 하였고, 이스라엘의 하나님이 어떤 분인지를 이방 나라에 드러나게 하는 귀한 도구가 되었습니다.

우리는 여기서 포로로 잡혀갔던 이스라엘의 소녀가 처했던 상황을 다시 연상해 볼 필요가 있습니다. 이 어린 소녀는 아람 군이 침입했을 때 붙잡혀 갔습니다. 부모와 친척들과 친구들로부터 갑자기 이방 나라로 잡혀가는 생이별을 당하였습니다. 이 소녀는 자신의 기막힌 운명을 슬퍼하며 하나님을 크게 원망할 수 있는 모든 이유가 있었습니다. 그런데도 여전히 하나님을 경외하며 이방 나라에서 여호와의 작은 불빛으로 살았습니다. 이 소녀는 자신을 부모와 친구들로부터 떼어놓은 나아만 장군을 증오할 수 있었을 것입니다. 그는 이스라엘의 원수였고 자기 가족의 원수였습니다. 자기를 납치해 온 원수의 적장이었기에 도무지 용서할 수 없었을 것입니다. 그래서 그가 흉측한 불치병을 앓는 것은 하나님이 내리신 천벌이라고 여길 수 있었을 것입니다.

그러나 이 소녀는 자신의 불행한 처지를 슬퍼하고 나아만을 원망하며 증오하기보다는 그를 오히려 동정하였습니다. 그녀는 나아만 장군이 불치병을 한탄하며 고통받는 모습을 날마다 보았을 것입니다. 그리고 여주인이 남편의 병으로 인해 수심과 염려에 잠긴 모습도 보았을 것입니다. 이 어린 소녀는 자신의 아픔보다 자기 주인집에 깊이 내린 근심과 고통의 그늘이 거두어질 수 있도록 엘리사를 소개하고 치유의 소망을 심어주었습니다.

그녀는 무의식적이나마 원수를 사랑하라는 예수님의 가르침을 실천한 빛나는 모범입니다. 그녀는 먼 구약시대에 살았지만, 율법의 수준을 넘는 새 언약 시대의 사랑을 실천하였습니다.

> "또 네 이웃을 사랑하고 네 원수를 미워하라 하였다는 것을 너희가 들었으나 나는 너희에게 이르노니 너희 원수를 사랑하며 너희를 박해하는 자를 위하여 기도하라"(마 6:43-44)

하나님께서는 자기 백성을 항상 모든 고통과 재앙에서 면제하시지 않습니다. 그러나 환난 중에서 놀라운 섭리로 자기 백성을 위로하시며 결국 모든 것이 합력하여 선이 되게 하십니다. 요셉의 경우처럼(창 50:20) 하나님은 이스라엘의 한 어린 소녀가 이방 나라의 종으로 잡혀가는 비극 속에서 역사하여 후 세대에게 커다란 격려가 되게 하셨습니다.

원수를 사랑하라는 예수님의 가르침은 복음의 수준이 얼마나 높고 깊은 것인지를 역설합니다. 이것은 인간의 힘으로 닿을 수 없는 경지입니다. 그러나 여호와 하나님의 사랑의 능력을 아는 자들에게는 불가능한 일이 아님을 알 수 있습니다. 이스라엘의 어린 소녀는 하나님의 사랑을 체험으로 알고 그분의 능력을 믿었기에 자신의 설움과 고달픔 속에서도 원수를 사랑할 수 있었습니다. 그런 자들을 통해서 하나님의 사랑의 복음은 국경을 넘고 인간의 온갖 장애를 극복해 나가면서 하나님의 나라를 전진시킵니다.

: 개인의 불행은 하나님의 자비를
  체험하는 소재가 될 수 있습니다.

나아만은 위대한 인물이었습니다. 그는 사령관이었고 아람 왕의 전적인 신임을 받았으며 승전 장군으로 널리 알려졌습니다(5:1). 그러나 그는 불치의 나병을 앓고 있었습니다.

"그는 큰 용사이나 나병환자더라"(1절).

이것은 그의 부나 명성이나 그 어떤 능력으로도 해결할 수 없는 문제였습니다. 큰 책임을 수행하는 유능한 인물이라도 개인적 문제를 다룰 때는 연약한 경우가 적지 않습니다. 고위직에 있는 사람들이 자살하기도 하고 전문직에 종사하는 자들도 개인 문제로 상담을 받습니다.

나아만은 큰 인물이었지만 스스로 해결할 수 없는 심각한 개인 문제를 안고 있었습니다. 그는 많은 전쟁에서 혁혁한 전적을 세웠습니다. 그는 왕의 최대 신임을 받는 자였고 온 국민의 자랑거리였습니다. '그러나' 그만 나병에 걸렸습니다. '그러나'는 삶의 변수입니다. 선망의 자리에 앉은 자가 갑자기 큰 수심에 잠기는 일을 당합니다. 예고 없이 닥치는 인생의 변수는 우리의 베개 속을 가시로 채우고 슬픈 가슴에 어두운 그림자가 내리게 합니다. 항상 잘 나가는 것처럼 보이는 자들, 사회적으로 자리를 잡은 자들, 별다른 걱정 없이 편하게 사는 자들에게도 우환의 암운은 삽시간에 닥칠 수 있습니다. 세상에는 이런저런 이유로 한을 품고 살아야 하는 자들로 가득합니다.

영국의 마가렛 대처 총리를 이은 존 메이저 수상은 인터뷰에서 자신이 넉넉하지 못한 가정에서 자랐다고 했습니다. 자기 부친은 열심히 일하면서 자식들을 위해 살았는데 어느 날 학교에서 받아온 자기 성적표를 보고 매우 실망하는 눈치였습니다. 아들의 장래가 없어 보였기 때문이었습니다. 아버지처럼 힘들게 살아야 할 것 같은 아들의 인생이 아버지의 마음을 어둡게 하였던 것입니다. 존 메이저 수상은 그때 아버지의 말 없는 실망의 모습을 잊을 수가 없다고 했습니다. 그의 부친은 그 후로도 적은 수입으로 가족을 부양하느라고 힘들게 살았습니다. 아들의 성적은 오르지 않았고 이렇다 할 장래가 없는 생활이 계속되는 가운데 아버지는 세상을 떠났습니다. 그러나 아버지에게 아무런 기대를 심어주지 못했던 아들은 영국 총리가 되었습니다. 메이저 수상은 자기 부친이 아들의 다른 모습을 보지 못하고 돌아가셨다면서 눈물을 글썽였습니다. 자식을 위해 고생만 하시며 힘없이 사시다가 아들의 자랑스러운 모습을 보지 못하고 하직하신 아버지의 삶이 너무도 마음에 걸렸던 것입니다. 그는 부친이 생존하셨다면 참으로 아들을 자랑스럽게 여기고 무척 기뻐하셨을 것이라면서 자신의 한(恨)을 풀어놓았습니다.

평범한 삶을 사는 사람들에게도 나름대로 한이 있습니다. 성공한 사람들의 뒤에도 비밀스러운 슬픔이 가려져 있습니다. 육체의 가시는 그림자가 깁니다. 내게 박힌 육체의 가시는 세월이 지나도 찌르는 일을 그치지 않습니다. 이 세상을 사는 우리에게는 누구에게나 아픔의 구석이 있습니다. 나아만 장군에게도 삶의 한(恨)이 있었습니다. 나병 환자를 환영할 자는 없습니다. 나병은 당시에는 치유할 수 없었고 전염성이 강하여 사람들은 접근을 두려워하였습니다.

나아만의 이러한 고통을 종으로 잡혀간 이스라엘의 한 작은 소녀가 동정하였습니다. 자기의 한을 지닌 사람이 하나님의 사랑으로 다른 사람의 한에 동정심을 보일 때 어떤 일이 일어날까요? 하나님의 자비를 체험하는 일이 생깁니다. 나아만 장군은 이스라엘의 한 어린 여종이 보인 사랑의 관심으로 나병의 치유를 받았습니다. 나아만 장군의 치유를 기뻐한 자가 누구였을까요? 물론 나아만 장군 자신입니다. 또한, 나아만 장군의 아내와 가족 친지와 아람 왕을 비롯하여 온 백성이 기뻐했을 것입니다. 그런데 나아만 장군의 치유를 통해 하나님의 자비를 확인한 이스라엘의 작은 여종보다 더 기뻐한 자는 없었을 것입니다.

그녀는 하나님께서 원수를 위한 자신의 선한 기도를 응답하신 것을 알았습니다. 그녀는 또한 하나님께서는 이방 원수들을 위해서도 선을 베푸시는 분임을 확인하였습니다. 그뿐만 아니라 자신이 확신하며 추천했던 엘리사 선지자를 통해서 하나님이 크나큰 기적을 행하신 사실이 온 세상에 알려진 것을 보고 감격하지 않을 수 없었을 것입니다. 그녀는 이제 이방 나라의 종으로 살아도 힘이 솟았습니다. 그녀가 사랑하는 여호와 하나님이 함께하신다는 것이 증명되었기 때문입니다. 그렇다면 나아만의 치유로 가장 기뻐한 자는 이 어린 여종이 아니고 달리 누구였겠습니까?

원수를 사랑하면 하나님의 풍성한 축복이 내립니다. 자신의 한을 품은 사람이 여호와의 이름으로 다른 사람의 한을 푸는 도구가 되면, 하나님의 자비와 능력과 임재를 체험합니다. 이런 축복은 다른 어떤 방법으로도 받을 수 없는 귀한 은혜입니다. 이런 은혜의 체험이 있을 때 우리 각자의 한(恨)은 크나큰 하늘의 위로를 받습니다. 우리가 입고 있는 침체와 슬픔의 수의는 잔치의 옷으로 갈아입습니다. 어두운 마음속에 새 하늘의 빛이 비치고, 잃었던 웃음이 새싹처럼 피어납니다. 그리고 하나님을 사랑하는 자, 곧 그의 뜻대로 부르심을 입은 자들에게는 나의 해묵은 한(恨)까지도 협력하여 선이 되게 하신다는 하나님의 진리가(롬 8:28) 내 영혼 깊은 곳까지 스며드는 영적 감동을 줍니다.

   : 나아만 장군의 씻음은 회심의 기적을
     예시합니다.

나아만 장군이 어떻게 해서 여호와 하나님을 믿게 되었는지를 살피면 불신자로 있다가 구원을 받는 것이 어떤 것인지를 쉽게 알 수 있습니다.

첫째, 불신자는 하나님에 관한 진리를 들어야 합니다.

나아만 장군은 자기 집의 이스라엘 여종을 통해서 여호와 하나님이 사용하시는 엘리사 선지자가 있다는 말을 들었습니다. 그런데 듣는 것만으로는 부족합니다. 들은 것을 신뢰해야 합니다. 나아만 장군은 엘리사 선지자를 만나기 위해서 실제로 찾아갔습니다. 물론 이 단계에서 나아만 장군은 구원을 받은 것이 아닙니다. 그는 자기 여종의 말이 참인지 아닌지를 알아보려고 했습니다.

이것은 매우 좋은 자세입니다. 우리는 아무 말이나 듣고 그냥 믿을 수 없습니다. 진리는 맹종을 환영하지 않습니다. 진리는 검증이 되어야 합니다. 사도 바울이 선교를 할 때 뵈레아라는 곳의 회당에 가서 복음을 전하였습니다. 그때 사람들은 바울의 말을 들었는데 "간절한 마음으로 말씀을 받고 이것이 그러한가 하여 날마다 성경을 상고"(행 17:11)하므로 그중에 믿는 사람이 많았다고 했습니다. 이렇게 알아보고 믿는 것이 제대로 믿는 것입니다. 물론 극히 짧은 시간을 통해서도 복음을 듣고 구원을 받을 수 있습니다. 그렇더라도 복음의 진리는 계속해서 더 배워나가야 하고 하나님께서 주시는 더 깊은 확신에 이르기 위해

'성경을 상고' 해야 합니다.

둘째, 나아만 장군은 "내 생각"(왕하 5:11)에 묶여 엘리사 선지자에게 실망하였습니다.

구원을 받는 과정에서 종종 예기치 못한 반대나 좌절을 겪습니다. 그 원인은 여러 가지입니다. 문제가 자신에게 있을 수도 있고 혹은 복음 전달자에게 있을 수도 있습니다. 또는 보이지 않는 어둠의 세력이 뒤에서 방해하는 경우도 있습니다. 나아만 장군의 경우는 자신에게 문제가 있었습니다. 그는 프라이드가 매우 강한 자였습니다. 사실상 그는 아무도 알아주지 않는데 혼자 잘난 체하는 독불장군이 아니고 대국의 왕 다음가는 권력을 가진 자였습니다. 그는 결코 단순한 나병 환자의 한 사람으로 엘리사의 문전에 나타난 자가 아니었습니다. 그는 많은 시종과 부하들을 거느리고 대단한 권위와 품위를 보이면서 이스라엘 땅을 밟은 아람국의 총사령관이었습니다. 그는 아람 왕의 친서까지 가지고 왔고 치유의 대가로 내놓을 수 있는 금은보화와 비싼 의상들을 준비하고 왔습니다.

그런데 그가 받은 대우는 무엇이었습니까? 자기를 고쳐줄 것으로 기대했던 선지자라는 자는 문밖으로 나와 보지도 않았습니다. 그리고 사람을 보지도 않고서 안에서 하는 말이 "요단강에 몸을 일곱 번 씻으라 네 살이 회복되어 깨끗하리라'(왕하

5:10)고 하였습니다. 이것은 너무도 황당한 처방이었습니다. 자기처럼 신분이 높은 사람이 아이 물장난치듯이 별 볼 일 없는 요단 강에 몸을 담그고 씻고 또 담그고 씻으면서 일곱 번씩 하라니 화가 날 수밖에 없었습니다.

「다메섹에서 여기까지 고작 물장난하기 위해서 왔단 말인가? 강물에 씻어서 나을 것이라면 다메섹에 있는 아마나와 바르발 강들이 더 낫지 않은가?」

그는 크게 자존심이 상하여 "몸을 돌려 분노하여"(왕상 5:12) 떠났습니다. 그런데 엘리사 선지자가 나아만 장군을 영접하기 위해서 밖으로 나오지 않고 그에게 치유의 지시만 준 것은 교만해서가 아니었습니다. 이것은 사람을 외모로 보시지 않는 하나님의 품성을 닮고 그대로 실천한 것입니다. 나아만은 하나님 앞에 나올 때 자기 과시가 무용하다는 것을 알아야 했습니다. 나아만은 화려한 드라마에 나오는 것과 같은 의식과 대우를 원하였습니다. 그는 사람들이 늘 그의 앞에서 굽실거리며 고관 대우를 해 주는 일을 당연시하였습니다. 나아만 장군에게는 병 낫는 것보다 종교적인 격식과 의례를 갖춘 일종의 거창한 행사가 먼저 있어야 한다고 기대하였습니다. 그러나 엘리사는 나아만이 항상 받아온 그런 식의 극진한 대우를 하지 않을 것이었습니다.

이방 종교는 신에게로 바로 나갈 수 없으므로 여러 의식을 거쳐야 하고 복잡한 절차를 밟을수록 영험하다고 봅니다. 그러나 여호와 하나님을 믿으려면 이런 이교의 사고방식과 가치관에서 벗어나야 합니다. 우리는 크리스천이 된 이후에도 재래 종교의 사고방식에서 탈피하지 못하고 나아만 장군처럼 절차나 의식이나 불필요한 전통에 매이는 경우가 적지 않습니다.

그러나 하나님의 구원 방법은 간단합니다. 우리는 단순하고 간단하게 구원을 받을 수 있습니다. 바울은 빌립보의 간수가 "내가 어떻게 하여야 구원을 받으리이까"(행 16:34)라고 물었을 때 "주 예수를 믿으라 그리하면 너와 네 집이 구원을 받으리라"(행 16:31)고 하였습니다. 하나님은 구원의 조건으로 어려운 것들을 요구하시지 않습니다. 주님은 "내 멍에는 쉽고 내 짐은 가벼움이라"(마 11:30)고 하셨습니다. 복음의 본질은 분명하고 단순합니다. 그래서 한마디로 예수 그리스도의 십자가와 그의 부활을 믿으면 구원을 받는다고 말할 수 있습니다(요 3:16; 행 2:32, 36; 롬 10:9). 그런데 우리는 어려워야 권위가 있는 것 같고 심오하다고 생각합니다.

우리가 어떻게 구원을 받습니까? 우리가 매우 어렵고 대단한 일을 해서 받는 것이 아닙니다. 종교적인 의식을 많이 행한 후에 받는 것도 아닙니다. 우리는 구원을 순전히 하나님의 거저 주시는 선물로 받습니다. 구원은 행위가 아닌 믿음에 의한 은혜입니다. 엘리사는 나아만 장군에게 간단한 메시지를 주었습니다. 거룩하고 권위 있게 들리는 듯한 음성으로 말하지도 않았고 종교적인 화려한 의식도 없었습니다. 나아만 장군이 자기 종들의 간곡한 권고를 받고 요단 강에 가서 엘리사가 시킨 간단한 지시를 따랐을 때 온몸이 나았습니다.

엘리사는 이제부터는 여호와 하나님만 섬기겠다는 나아만 장군에게 어떤 종교적인 금기 사항의 수칙들을 적은 목록을 주지 않았습니다. 그는 다만 그에게 "평안히 가라"(5:19)고 축복했을 뿐이었습니다. 나아만 장군은 하나님을 단순히 신뢰하는 것을 배웠습니다. 그는 구원을 받은 이후에도 계속해서 하나님을 단순히 신뢰해야 했습니다.

그러나 처음에 나아만 장군은 자신의 신분을 아랑곳하지 않고 간단하게 하나님의 메시지만 전하는 엘리사의 태도에 불만을 품었습니다

> "내 생각에는 그가 내게로 나와 서서 그의 하나님 여호와의 이름을 부르고 그의 손을 그 부위 위에 흔들어 나병을 고칠까 하였도다(왕하 5:11).

지금도 많은 사람이 복음을 듣고 이런 반응을 보입니다. 구원이란 누구나 너무 쉽게 받는 것인데 자신들의 자존심에 걸려

서 거저 받는 십자가 구원을 어리석은 것으로 간주합니다. 주 예수를 믿고 구원을 받으려면 빈손으로 나와야 하고 아무리 잘 났었도 다 내려놓고 오직 하나님의 거저 주시는 은혜의 구원 앞에서 '나는 죄인입니다' 하고 인정해야 합니다. 십자가 구원은 나의 세상 지위나 돈이나 지식이나 인물이나 배경이나 그 어떤 인간적인 자랑거리를 완전히 내려놓지 않으면 받을 수 없습니다. 하나님께서 주 예수를 통해 우리를 대신하여 이루신 하나님의 의를 오직 믿음으로만 받아야 하기 때문입니다. 나아만처럼 치유의 값을 손에 쥐고 오지 말아야 합니다. 하나님께서 나를 치유하고 구원하기 위해서 어떻게 하셔야 하는지에 대한 "'내 생각"'(왕하 5:11)을 품고 오지 말아야 합니다. 육신에 속한 생각들을 모두 버리고, 자신이 가진 것을 의존하지 말며, 자신이 알아주는 아마나와 바르발을 내세우지 말아야 합니다. 오직 하나님이 몸소 준비하신 십자가의 속죄를 하나님의 사랑의 증거로 인정하고 주 예수를 구원자로 영접하지 않으면 구원을 받지 못합니다.

요단 강에 가서 일곱 번 씻는 일은 너무도 쉬운 일입니다. 그러나 어떤 면에서 이것은 매우 어렵습니다. 왜 그럴까요? 자존심이 상하고 내 의가 나타나지 않기 때문입니다. 인간은 공짜를 좋아하면서도 항상 자기가 드러나는 일을 하려고 합니다. 그런데 십자가 구원은 거저 받는 것이어서 자기가 드러나지 않습니다. 그럼에도 사람들은 자꾸만 자기 과시를 하려고 합니다. 자기를 낮추어야 하고, 겸손해야 하고, 자기를 자랑하지 말라고 말하면 화를 냅니다. "내 생각"에는 이러이러해야 하는데 그렇지 않다는 것을 알면 실망하고 되돌아섭니다. 그들의 우상은 내려놓기에는 너무 소중하고, 그들의 악습은 포기하기에는 너무 강하며, 그들의 죄는 버리기에는 너무 아쉽습니다.

지적인 교만도 복음을 받아들이지 않는 커다란 장애 요인입니다. 그들의 주장을 들어보면 자기들이 하나님보다 더 잘 아는 듯합니다. 그들은 나아만 장군의 반응처럼 "내 생각"(왕하 5:11)에 사로잡혀 단순한 복음의 처방에 분노합니다. 그들은 자신들이 가진 과학적 지식이나 인간적인 논리를 퍽 대단하게 생각하며 잘났다고 여깁니다. 이것은 일부 소수의 입장이 아닙니다. 주 예수를 믿는 신자들도 십자가 구원을 받기 전에는 모두 "내 생각"에 묶여 있었습니다.

그런데 나아만 장군이 자기 생각에서 풀려났을 때 어떤 일이 생겼습니까? 즉각적인 치유가 왔습니다. 구원의 길에는 걸림돌이 있습니다. 그러나 "내 생각"의 걸림돌을 치우면 즉시 회복됩니다. 나아만은 처음에는 큰 기대를 하고 일단 엘리사를 찾아갔습니다. 그러나 실망이 되는 말을 듣고 발걸음을 되돌렸을 때 위기가 왔습니다. 그 위기는 잘못된 "내 생각"을 내려놓는 개심(改心)으로 극복되었습니다. 나아만 장군은 자기 생각을 내려놓고 엘리사의 지시에 순종했을 때 온몸이 치유되는 기적을 체험하였습니다.

여기서 우리가 특별히 배워야 할 교훈이 있습니다. 구원의 길로 나아갔다가도 실망이 되고 기대에 못 미치는 일이 있으면 속히 그 원인을 찾고 "내 생각"을 고쳐야 합니다. 하나님께 호의적인 기대를 하거나 열심을 내었을 때라도 자신의 관심과 열심은 잘못된 것일 수 있습니다. 그때 얼른 자기 생각을 바꾸어야 합니다. 나의 믿음과 열심은 완전하지 않습니다. 그래서 항상 복음의 진리와 성령의 조명에 비추어 교정되어야 합니다. 그래야만 믿음 생활에 발전이 있고 하나님께서 주시려고 예비하신 축복을 온전히 받을 수 있습니다.

셋째, 회심한 자에게는 변화의 특징이 드러납니다.

나아만 장군의 나병은 완전히 치유되었습니다. 그런데 치유의 기적은 그의 신체만이 아니고 영혼의 기적도 동반되었습니다. 그는 처음으로 이 세상에 절대적인 유일신이 존재한다는 사실을 개인적인 체험으로 알게 되었습니다. 그래서 그는 공적으로 "내가 이제 이스라엘 외에는 온 천하에 신이 없는 줄을 아나이다"(15절)라고 고백하였습니다. 회심한 사람의 특징은 절대자로서의 구원의 하나님이 계신다는 것을 자기 입으로 고백하는 것입니다. 이로써 그는 우상 숭배자로 살다가 여호와 하나님을 믿는 신자가 되었습니다. 그는 바울의 말처럼 "마음으로 믿어 의에 이르고 입으로 시인하여 구원" 에 이르렀습니다(롬 10:10). 그는 치유를 받은 후에 엘리사를 다시 찾아 왔는데 더는 오만한 아람국의 사령관이 아니었습니다. 그는 엘리사 앞에서 "'당신의 종"(삼하 5:15)이라고 하였습니다. 겸비는 회심의 가장 뚜렷한 증거의 하나입니다. 하나님의 은혜를 체험할 때처럼 사람을 겸비케 하는 것이 없습니다.

나아만 장군은 이번에도 예물을 가져왔습니다. 그런데 자기 것으로 하나님과 거래를 하려는 것이 아니고 하나님의 선하심에 대한 감사였습니다. 그는 하나님의 기이한 은혜를 입고서 곧장 본국으로 돌아가기를 원치 않았습니다. 하나님께 감사하는 것도 회심의 한 증거입니다. 하나님의 측량할 수 없는 은혜를 체험한 자들은 "내게 주신 모든 은혜를 내가 여호와께 무엇으로 보답할까"(시 116:12) 라고 말합니다. 그는 오직 여호와 하나님만 섬기기로 작정하였습니다. 그는 엘리사에게 이제부터 "종이 번제물과 다른 희생 제사를 여호와 외 다른 신에게는 드리지 아니하고 오직 여호와께 드리겠나이다"(17절)라고 헌신을 약속하였습니다. 그는 무력한 우상 신들을 내던지고 살아계신 참 하나님을 택하였습니다. 이러한 변화는 회심의 확실한 증거입니다. 그의 나병은 깨끗하게 치유되었습니다. 그는 참 하나님께로 돌아왔습니다. 그의 죄는 용서를 받았고 그의 영혼은 불의와 우상 숭배의 오염으로부터 정화되었습니다. 나에게는 나아만 장군처럼 회심한 증거가 있습니까? 하나님께서는 지금도 나아만에게 일어난 일을 우리에게 행하실 수 있습니다.

: 회심한 초신자의 어려움을 하나님께서
   너그럽게 이해해 주십니다.

나아만 장군은 구원을 받고 나서 자신의 신앙을 고백하였습니다. 그는 오직 이스라엘의 여호와 하나님만 참 신이심을 공적으로 고백하였고 오직 여호와만 섬기겠다고 충성을 다짐하였습니다. 그런데 그에게 한 가지 현실적인 문제가 있었습니다. 나아만 장군은 아람 왕과 함께 림몬의 신당에서 왕을 호위하고 그의 경배를 돕는 직책을 맡은 자였습니다. 그래서 그는 이것이 마음에 걸렸습니다. 그는 여호와께 용서를 구하였습니다(왕하 5:18). 그는 자신의 직책상 아람 왕을 모시고 림몬의 신당에 들어가야 하지만 림몬 신에게 제물을 바치지는 않을 것이었습니다(왕하 5:17). 그는 형식적으로 고개만 숙일 뿐 림몬 신을 섬기지는 않을 것이기 때문입니다. 그래도 그는 이 문제에 대해 두번씩 용서를 구하였습니다(왕상 5:18). 엘리사가 나아만에게 어떻게 대답하였습니까? 그는 나아만 장군의 고충을 이해해 주었습니다. 그래서 염려하지 말고 "너는 평안히 가라"(왕하 5:19)고 하였습니다.

이것은 초신자들이 기독교로 회심할 때에 흔히 직면하는 현실적인 문제에 대한 하나의 길잡이가 됩니다. 누구도 처음부터 완전한 믿음 생활을 할 수 없습니다. 교인이 되었다고 해도 지금까지 살아온 환경에서 여건상 당장 벗을 수 없는 짐들이 있습니다. 그것은 가정적이거나 도덕적인 문제일 수도 있고, 문화적이거나 종교적인 문제일 수도 있습니다. 그럴 때는 제일 먼저 하나님께서 정죄하시지 않고 너그럽게 이해하신다는 사실을 기억해야 합니다. "범사에 헤아려 좋은 것을 취하고 악은 어떤 모양이라도 버리라"(살전 5:21-22)고 하였습니다. 그러나 이제 막 예수를 믿은 초신자에게 당장 모든 일에서 결함이 없어야 한다고 말하는 것은 무리한 요구입니다. 초신자는 자신의 삶에서 이교적이거나 비기독교적인 가치관에서 벗어날 수 있는 믿음이 자라야 하고 성경의 가르침을 더 배워야 합니다. 그리고 성령의 인도를 받으면서 부득이한 상황적인 속박에서 벗어나는 지혜를 길러야 합니다. 또한, 하나님의 도우심의 능력을 더욱 의지하면서 담대하게 자랄 필요가 있습니다. 이것은 시간이 걸리는 일입니다.

하나님께서는 나아만 장군의 심중을 보시고 그가 여호와 하나님을 참 신으로 믿었음을 아셨습니다(시 7:9; 렘 17:10). 나아만은 이스라엘 땅에서 "노새 두 마리에 실을 흙"(왕하 5:17)까지 가지고 귀국하였습니다. 그는 분명히 이 흙으로 이스라엘의 하나님을 섬길 토단을 세울 계획이었습니다(참고. 출 20:24). 하나님께서는 그가 이방나라에서 하나님의 증인으로 살 수 있도록 도우실 것이었습니다. 여호와 하나님은 이제 나아만 장군의 주(主)가 되셨습니다. 나아만 장군이 주님을 계속 신뢰하는 한, 그는 날마다 주의 은혜 속에서 담대하게 사는 법을 배우게 될 것이었습니다. 엘리사 선지자가 나아만 장군에게 림몬 신당에서 왕을 모시고 몸을 굽혀야 하는 일 때문에 용서를 구했을 때 "평안히 가라"(왕하 5:19)고 한 것은 그런 행위를 당연시하거나 지지한 것은 아니었습니다. 그러나 그는 나아만 장군이 하나님을 믿고 나서 즉시 죄에 대해 민감해졌음을 알았습니다. 이것은 그가 앞으로 비록 공적인 임무 수행을 위해 림몬 신당을 들어가야 할지라도, 그가 여호와에 대한 믿음을 지킬 수 있을 것으로 낙관할 수 있는 좋은 증거였습니다.

나아만 장군은 고국에 돌아가서 큰 잔치를 열었을 것입니다. 많은 사람이 와서 나아만 장군의 치유 사연을 듣고 여호와 하나님을 찬양했을 것입니다. 나아만 장군의 치유는 아람국의 림몬 신당에서 받은 것이 아니고 이스라엘의 여호와 하나님으로부터 받은 것임을 누구도 부인할 수 없었을 것입니다. 나아만 장군의 존재 자체가 여호와 하나님의 능력과 참되심에 대한 강력한 증거였습니다. 그렇다면 나아만 장군이 비록 자신의 직무상 림몬 신전에 들어갈지라도 그 신을 의지하거나 경배하지 않을 것은 누구나 알았을 것입니다.

: 하나님의 커다란 섭리는 작은 것에서부터 출발합니다.

나아만은 새사람이 되어 귀국하였습니다. 그는 여전히 아람 군의 총사령관이었지만 이제는 림몬의 우상 신을 믿다가 여호와의 종교로 개종한 사람이었습니다. 이것은 그의 나병이 치유된 것보다 더 큰 변화로서 매우 큰 의미를 주는 사건이었습니다.

첫째, 이스라엘의 하나님은 이방 나라의 백성도 구원하시는 분입니다.

사실상 나아만 장군이 아람 왕의 인정을 크게 받은 까닭은 위기에 빠졌던 아람 나라를 구출한 공로가 있었기 때문이었습니다.

"여호와께서 전에 그에게 아람을 구원하게 하셨음이라"(1절).

이것은 이스라엘의 하나님이 다른 나라의 운명과 개인의 성패까지 주관하신다는 뜻입니다. 여호와 하나님은 이스라엘 국가의 지역 신이 아니고 온 세상의 주권자이십니다. 그리고 누구든지 단순한 믿음으로 하나님의 말씀을 받으면 구원해 주시는 분입니다. 나아만 장군은 이방신을 섬겼던 자며 이스라엘의 적국 대장이었지만 한 작은 여종을 통하여 큰 구원의 은혜를 받았습니다.

둘째, 복음은 인간의 선교 전략이 아닌 하나님의 섭리로 전파됩니다.

아람의 군대 장관이 여호와 종교로 개종했다는 것은 당시에는 누구도 상상할 수 없었던 일이었습니다. 이스라엘 백성 중에서 누구도 나아만 장군을 개종시키기 위해서 계획을 하거나 수고를 하지 않았습니다. 그러나 하나님께서는 아람 사람들이 잡아간 이스라엘의 한 어린 소녀를 통해서 나아만 군대 장관이 개종하는 길을 여셨습니다. 나아만 장군의 개종은 많은 아람 사람들에게 큰 뉴스가 됐을 것입니다. 우선 그와 함께 사마리아의 엘리사를 찾아갔던 부하들이 모두 나아만 장군의 치유를 목격하였습니다. 그들은 불치의 병이 치유되는 놀라운 기적을 자기들 눈으로 본 산 증인들이었습니다. 더구나 그들은 엘리사가 나아만 장군에게 준 지시를 들었기 때문에 이것이 여호와의 능력임을 부인할 수 없었습니다.

그들이 아람으로 돌아가서 어떤 소식을 전했겠습니까? 두말할 나위 없이 이스라엘의 하나님이 위대한 신이라고 믿고 여러 사람에게 증언했을 것입니다. 나아만 장군 역시 아람 왕에게 큰 기쁨으로 자신의 치유 기적을 보고했을 것입니다. 아람 왕은 나아만 장군의 몸을 보고 큰 감명을 받았을 것이기에 이스라엘의 여호와 하나님을 인정하지 않을 수 없었을 것입니다. 아람 왕이 여호와를 자신의 신으로 믿었다는 증거는 없지만 적어도 나아만 장군은 자기 집에서나마 이스라엘에서 가져간 흙으로 토단을 세우고 여호와 하나님을 경배했을 것입니다(왕하 5:17).

그런데 나아만 장군이 혼자서만 여호와 하나님께 희생 제사를 바치면서 경배했을까요? 그는 아람의 국왕 다음가는 사람이었습니다. 그는 많은 권속을 거느렸습니다. 그의 신복들을 비롯하여 대가족이 그와 함께 여호와를 경배했을 것은 당연한 일이었을 것입니다. 그런데 그들 중에서 특별히 나아만 장군의 사랑과 인정을 받는 자가 있었다면 누구였을까요? 이스라엘에서 잡혀 와서 나아만 장군의 아내에게 수종 들던 어린 소녀가 아니면 누구였겠습니까? 나아만 장군에게는 그 어린 이스라엘 소녀가 은인이었습니다. 그는 아마 그 소녀에게 자유를 주고 고국으로 돌아가게 했을지도 모릅니다. 그렇지 않더라도 이 소녀는 혼자 섬기던 고국의 여호와 하나님을 이제는 주인의 집에서 당당하게 경배할 수 있는 기쁨과 자유를 충만하게 누렸을 것입니다. 어떤 경우가 되었든지 나아만 장군의 집은 아람 땅에서 여호와 하나님의 이름을 부르며 경배하는 최초의 가정교회가 되었을 것입니다.

이런 일이 있을 것을 누가 기대할 수 있었겠습니까? 하나님의 구원의 섭리는 선교 전략에 달린 것이 아닙니다. 선교를 위해서 우리가 계획도 세우고 헌금도 해야 하지만 하나님은 우리가 전혀 생각하지 못한 곳에서 극히 작은 인물들을 통하여 한 푼의 재정 지원도 없이 놀라운 선교를 하신다는 사실을 잊지 말아야 합니다.

이 모든 일이 이스라엘의 한 작은 소녀의 단순한 믿음에서 발단되었습니다. 하나님의 말씀과 능력을 전적으로 어린아이처럼 신뢰하는 단순한 믿음은 놀라운 결과를 가져옵니다. 하나님께서는 단순한 믿음을 보이는 자들에게 후히 갚아 주십니다. 우리는 나아만 장군의 아내에게 수종을 들었던 그 어린 이스라엘의 소녀가 누구였는지 이름도 알지 못합니다. 그러나 하나님께서는 아람 사람들에게 그를 최초의 선교사로 파송하셨습니다. 그 소녀는 적군의 침입으로 부모 형제와 강제 이별을 당하고 혼자 이방 나라에서 종살이하는 비극을 맞았습니다. 그런데도 하나님께서는 그의 선교 스토리가 성경의 기록을 통해서 만세에 전해지게 하셨습니다.

3장
게하시의 물욕
열왕기하 5:20~27

"하나님의 사람 엘리사의 사환 게하시가 스스로 이르되 내 주인이 이 아람 사람 나아만에게 면하여 주고 그가 가지고 온 것을 그의 손에서 받지 아니하였도다 여호와께서 살아 계심을 두고 맹세하노니 내가 그를 쫓아가서 무엇이든지 그에게서 받으리라 하고"(왕하 5:20)

열왕기하 5장의 스토리에는 왕, 장군, 선지자, 종들이 등장합니다. 본 스토리는 나아만이라는 이방인 장군이 이스라엘의 선지자인 엘리사를 찾아가서 자신의 나병을 치유한다는 간단한 내용이지만 역설적인 측면과 함께 많은 교훈을 담고 있습니다.

: 인간은 모순과 역설의 요소를 품고 삽니다.

아람 왕의 최대 신임을 받는 총사령관인 나아만 장군은 왕의 자리를 제외하면 모든 것을 다 누렸음에도 한 가지 부족한 것이 있었습니다. 그는 많은 적군을 물리치고 정복했어도 자신의 나병은 이길 수 없었습니다. 온 국민이 그를 승전의 영웅으로 받들었지만, 그는 자신의 나병으로 고통을 받으며 항상 패배를 당하고 있었습니다.

포로로 잡혀가서 나아만 장군의 부인 시중을 드는 이스라엘의 한 어린 소녀는 하나님에 대한 지식도 많지 않고 영적 경험도 적었지만, 이스라엘의 왕보다 훨씬 더 강한 믿음을 보였습니다. 그녀에게는 나아만 장군을 설득할만한 신앙적 확신이 있었지만, 이스라엘의 왕은 나아만 장군의 치유를 위해 아람 왕이 보낸 친서를 받고 당황하며 어찌할 바를 몰랐습니다.

한편, 나아만 장군은 엘리사의 치유 처방에 자존심이 상하여 분노하였지만, 그의 종들은 그를 설득하여 엘리사의 지시를 따르게 하였습니다. 그런데 엘리사는 여호와의 이름으로 맹세하며 나아만 장군의 예물을 극구 거절하였습니다. 반면, 그의 종인 게하시는 여호와의 이름으로 맹세하고 나아만 장군의 예물을 받아내겠다고 결심하였습니다. 제각기 삶의 자세와 목적이 다르고 상황에 대한 반응이 틀립니다. 게하시처럼 자신의 신분에 어울리지 않는 일들을 하는가 하면, 나아만 장군처럼 평소의 예상을 벗어나는 놀라운 변화도 일으킵니다.

： 복음이 역사할 때에는 어둠의 세력이
　틈타기 쉽습니다.

　본 장은 역설의 장입니다. 엘리사와 같은 위대한 선지자 밑에 게하시라는 간교한 종이 있었습니다. 그는 하나님의 능력이 크게 발휘되는 때에 재를 뿌리는 망동을 하였습니다. 나아만 장군의 종들은 이방인들이라도 엘리사 선지자의 말을 신뢰하였습니다. 그들은 나아만 장군을 지혜로운 말로 조언하여 병을 낫게 하는 데 이바지하였습니다. 그러나 이스라엘에서 가장 크게 쓰임을 받는 엘리사 선지자를 곁에서 모셨던 게하시는 매우 간특한 인물이었습니다.

　엘리사는 나아만 장군이 치유를 받고 나서 가져온 감사 예물을 끝까지 거절하였습니다. 이를 본 게하시는 돌아가는 나아만 장군을 뒤쫓아갔습니다. 그리고는 하는 말이 엘리사 선지자의 제자들이 방금 에브라임 산지에서 도착했으니 그들을 위해 은

한 달란트와 옷 두 벌을 달라고 요청했습니다. 그는 엘리사 선지자의 이름을 팔고 거짓된 이야기를 꾸며 자신의 이득을 챙길 참이었습니다(22절).

엘리사 선지자는 나아만의 예물을 거절하기 위해 여호와의 살아 계심을 두고 맹세하였습니다(16절). 그런데 게하시는 나아만의 예물을 받아 내기 위해서 여호와의 살아 계심을 두고 맹세하였습니다(20절). 그는 엘리사 선지자의 이름뿐만이 아니고 맹세의 용어까지 악용하였습니다. 그는 하나님의 이름을 망령되게 일컫는 자였습니다. 그는 엘리사 선지자의 수많은 영적 사역을 보면서 배운 것이 없었습니다. 엘리사는 엘리야 선지자의 영감을 두 배로 받은 자였습니다. 구약 선지자 중에서 그보다 기적을 많이 행한 자가 없었습니다. 그는 선지자 학교의 지도자였고 왕궁과 백성의 문제를 항상 다루면서 사무엘과 같은 민족의 지주 역할을 한 위대한 선지자였습니다. 그런 대 인물 밑에 게하시와 같은 졸렬한 시종이 있었다는 것은 언뜻 이해하기 힘듭니다.

게하시는 나아만 장군이 어떻게 해서 하나님의 놀라운 축복을 받았는지를 자세히 목격한 증인이었습니다. 나아만 장군이 어떻게 치유를 받았습니까? 그는 단순한 믿음으로 불치병을 치유받았습니다. 그는 꾀를 쓰지도 않았고 거짓말을 하지도 않았습니다. 나아만 장군은 아람 왕의 이름을 팔지도 않았고 자기 배를 채우려고 시도하지 않았습니다. 그는 단순히 하나님의 말씀에 순종하여 요단 강에 들어갔다가 새 사람으로 변화되어 나왔습니다. 그런데 게하시는 그런 단순한 방식으로 복을 받는 일에 관심이 없었습니다. 그는 물욕에 눈독을 들이고 어떤 수단을 써서라고 나아만 장군의 물품을 손에 거머쥘 작정이었습니다.

「이것은 두 번 다시 올 수 없는 절호의 기회다. 이번에 횡재하면 감람원과 포도원과 양 떼와 소 떼를 사고 남종과 여종을 부리면서 평생을 떵떵거리면서 살 수 있다(왕하 5:26). 나병이 낫는 기적이 어디 자주 있는 일이겠는가? 또 이렇게 돈 많은 이방인의 장군이 제 발로 찾아와서 많은 예물을 받으라고 간청하는 일이 어디 다시 있을 수 있으랴! 이번 기회를 못 잡으면 끝이다. 그러니 어떻게 해서라도 이 황금의 기회를 붙잡아야 한다」

게하시는 작정을 하고 나아만 장군의 마차를 향해 달렸습니다. 탐욕의 걸음은 힘찹니다. 그는 엘리사가 받기를 거절한 나아만 장군의 예물을 순전히 "자기 생각"(11절)으로 그럴듯한 구실을 만들어 놓칠 뻔한 횡재를 일부나마 건져 내는 데 성공하였습니다(23절). 그는 자기가 청한 것 이상을 받았습니다. 나아만 장군은 은 한 달란트를 달라는 요청에 은 두 달란트를 강권하여 받게 했습니다. 게하시는 속이는 마당에서 매우 정중한 척하면서 나아만 장군이 주는 다른 한 달란트를 내심으로는 무척 기뻐하였습니다. 그러면서도 자신이 올바른 사람인 양 극구 사양하는 경건의 동작을 보였습니다. 게하시의 말은 경건하게 들렸지만, 그의 마음은 탐욕으로 채워져 있었습니다. 이런 간사한 인간들이 있기에 외모로 사람의 인품을 판단하는 일은 성경의 많은 경고에서처럼 항상 삼가야 합니다. 경건은 모든 신자의 특징이어야 합니다. 하지만, 경건의 실체는 아멘, 할렐루야, 믿습니다, 오 주여! 와 같은 종교적 술어와 감탄사로 쉽게 위장될 수 있습니다. 바울은 디모데에게 "경건의 모양은 있으나 경건의 능력은 부인하니 이같은 자들에게서 네가 돌아서라"(딤후 3:5)고 교훈하였습니다.

게하시는 엘리사의 유명세를 이용하여 자기 이득을 챙기려고 한 자였습니다. 그는 엘리사의 시종이라는 타이틀과 특권을 누렸습니다. 사람들은 유명 인사들과의 친분을 좋아하고 자랑합니다. 어떤 대형교회 목사님이 자신의 출세 비결을 묻는 말에 "잘나가는 분들 뒤에서 줄을 잘 서야 한다"고 말했답니다. 서구 사회에 살면 우리나라 사람들에게까지 잘 알려진 저명한 하나님의 종들을 만날 기회가 있습니다. 책으로만 알고 소문으로만 듣던 교회 지도자들을 직접 만난다는 것은 과연 큰 특권이며 기쁨입니다. 그래서 사진도 함께 찍고 사인도 받습니다. 그 자체가 나쁜 것이 아닙니다. 그런데 자신이 누구누구를 만났다면서 자랑거리로 삼습니다. 영어로 그런 것을 '네임 드롭핑'(name dropping)이라고 합니다. 이야기하는 중에 유명한 사람들의 이름을 의도적으로 떨어트린다는 뜻입니다. 자신의 위상을 높이고 인정을 받으려는 시도입니다. 그런데 유명 인사들을 잘 안다는 사람들 가운데는 그러한 유명 인사들의 훌륭한 모습과는 전혀 거리가 먼 경우가 적지 않습니다. 탁월한 영적 지도자들이나 저자들을 흠모한다면서 그들의 올바른 사상이나 영성이나 성품의 영향은 받지 않은 채 자신이 마치 그런 인물들의 유형인 양 과시합니다. 그들은 '네임 드롭핑'의 나쁜 습관만 하나 더 붙이고 그것으로 더 교만해집니다. 사도 바울을 전공했다고 내세우면서도 바울의 고난의 삶에 대해서 체험적으로는 아무것도 모르는 신학자들도 적지 않습니다.

이들은 모두 현대판 게하시들입니다. 특권에는 책임이 따릅니다. 남보다 더 많은 것을 보고 가까이할 수 있는 특권을 누리는 자들에게는 더 큰 책임이 지워집니다. 주님은 "무릇 많이 받은 자에게는 많이 요구할 것이요 많이 맡은 자에게는 많이 달라 할 것이니라"(눅 12: 48)고 하셨습니다.

게하시는 당시의 이스라엘에서 가장 위대한 하나님의 사람 밑에서 배우며 섬기는 부러운 특권을 누린 자였습니다. 그는 엘리사의 많은 가르침과 기적을 목격한 증인이었습니다. 엘리사의 경건한 삶을 곁에서 보면서 함께 살았고 그의 사역에 동참하였습니다. 그러나 그의 성품과 가치관에는 아무런 변화가 없었습니다. 그가 탐심에 묶여 자신의 위치와 기회를 남용했을 때 어떤 일이 일어났습니까? 큰 벌이 내렸습니다. "주인의 뜻을 알고도 준비하지 아니하고 그 뜻대로 행하지 아니한 종은 많이 맞을 것"(눅 12:47)입니다. 게하시는 엘리사의 종으로서 크나큰 특권을 누렸기에 그만큼 엄중한 벌을 받아야 했습니다.

[나아만 장군과 게하시의 차이]

나아만 장군과 게하시가 다른 점이 있습니다. 나아만 장군은 처음에 엘리사의 지시를 받고 화를 냈다가 곧 "내 생각"(왕하 5:11)을 버리고 순종했습니다. 반면, 게하시는 자기 주인이 여호와의 사심을 두고 맹세까지 한 일을 두려워하지 않고 "내 생각으로" 나아만 장군의 물품을 받아내었습니다. 그는 엘리사 선지자가 나아만 장군에게 하나님의 복음이 어떤 것인지를 가르치기 위해 끝까지 그로부터 예물을 받지 않는 뜻을 전혀 이해하지 못하였습니다. 하나님의 구원은 처음부터 끝까지 거저 받는 순전한 은혜의 선물입니다. 구원을 받았다고 해서 반드시 감사 예물이 따라야 할 필요도 없습니다. 그렇지 않다면 구원받은 후에 물질적인 감사를 할 수 없는 가난한 사람들에게는 구원이 기쁜 소식이 아니고 부담스러운 소식이 될 것이며 구원을 받은 후에도 죄책감에 붙들리게 될 것입니다. 감사의 표현 자체가 나쁜 것은 아니지만, 요점은 구원을 받는 데 필요한 것은 단순한 믿음 이외에 아무것도 없다는 것입니다. 적어도 나아만 장군에게 단순한 믿음으로 받는 은혜 구원의 의미를 가르치는 마당에서 예물에 탐을 낼 때가 아닌 것은 분명한 일이었습니다(26절). 게하시는 하나님의 신령한 사역을 수행하며 복음의 참뜻을 드러내려는 엘리사의 노력을 방해하는 자였습니다.

하나님의 구원의 능력이 드러나는 곳에는 어둠의 세력이 틈타게 마련입니다. 우리는 하나님의 역사가 크게 나타날 때 기뻐합니다. 그리고 앞으로 모든 일이 다 잘 돌아갈 것으로 낙관합니다. 그러나 승리에 도취하면 넘어지기 쉽습니다. 방심하며 낙관하는 동안에 어둠의 세력이 잠입하여 일을 망치는 일은 생각보다 자주 일어납니다. 복음이 빛을 발할 때는 어둠도 짙게 내립니다. 교회가 부흥하면 사탄도 부흥회를 엽니다. 신자들은 하나님의 복을 누릴 줄도 알아야 하지만, 호시탐탐 기회를 엿보는 사탄의 계략을 경계할 줄도 알아야 합니다. 아담과 하와가 사탄의 공격을 받은 때는 그들이 에덴동산에서 최선의 축복을 누릴 때였습니다.

어둠의 세력을 얕보거나 경계의 끈을 늦추면 악의 무리는 잔치를 벌입니다. 내 영혼에 틈이 생기면 마귀가 들어온다고 보아야 합니다. 그래서 바울은 "마귀에게 틈을 주지 말라"(엡 4:27)고 하였고, 베드로는 말하기를 "근신하라 깨어라 너희 대적 마귀가 우는 사자 같이 두루 다니며 삼킬 자를 찾나니 너희는 믿음을 굳건하게 하여 그를 대적하라"(벧전 5:8)고 권고하였습니다.

이런 경고와 권면의 말씀은 우리가 아무리 들어도 부족합니다. 그냥 듣고 지나갈 말씀이 아니라 어떤 상황에서도 실수하지 않도록 마음에 새겨두고 자주 상기해야 합니다. 베드로는 성격이 강하고 급하였습니다. 그는 자신만만하였고 적극적이었습니다. 그러나 그는 실수가 잦았고 마침내 크게 넘어졌습니다. 그 까닭이 무엇입니까? 사탄에게 기회를 주었기 때문입니다. 우리가 왜 실족합니까? 우는 사자가 삼킬 자를 찾아다닌다는 사실에 신경을 쓰지 않고 살기 때문입니다.

배고픈 사자는 절대로 방심하지 않습니다. 방심하면 먹이를 놓칩니다. 배고픈 사자는 절대로 낮잠을 자지 않습니다. 활동하지 않으면 굶주려 죽습니다. 결국 사탄도 살기 위해서 깨어 있습니다. 사탄의 먹잇감은 하나님의 백성입니다. 그렇다면 우리는 사탄보다 더 큰 경계심을 가지고 살아야 합니다. 성경에는 우는 사자를 우습게 여겼다가 실족한 사람들의 스토리가 많습니다. 우리 주변의 형제자매 중에서도 굶주린 사자로부터 피해를 본 분들이 적지 않습니다. 우리가 솔직하다면 자신도 포함된다고 고백할 것입니다.

게하시는 우는 사자의 밥이 된 또 하나의 불행한 실례입니다. 게하시가 받은 유혹은 시기와 장소의 문맥에서 보면 너무도 어울리지 않는 일이었습니다. 본 사건의 경고가 무엇입니까? 하나님의 사람 곁에 가장 가깝게 있던 사람이 가장 크게 넘어지더라는 것입니다. 게하시는 신령한 하나님의 능력이 드러나는 곳에서 더러운 물욕을 품고 주인을 속였다가 큰 저주를 받았습니다. 나아만 장군에게서 나갔던 나병이 게하시에게로 옮겨갔습니다(27절).

그런데 이 사건 뒤에 더 무서운 사실이 하나 있습니다. 그것은 내가 유혹을 받고 욕심을 내어 범죄하는 모든 과정을 하나님께서 다 보고 계신다는 것입니다. 게하시는 완전 범죄를 위해 철저하게 위장하고 나아만 장군을 감쪽같이 속였습니다. 그는 함께 갔던 사환들을 돌려보낸 후 받은 물품을 집에 잘 감추어 두었습니다. 그런데 그의 일거수일투족을 지켜보는 분이 계셨습니다. 엘리사가 게하시에게 말했습니다.

"한 사람이 수레에서 내려 너를 맞이할 때에 내 마음이 함께 가지 아니하였느냐"(왕하 5:26).

엘리사는 나아만 장군이 게하시가 달려오는 것을 보고 수레에서 내려 그를 맞이하는 것까지 성령의 감동으로 다 보고 있었습니다(왕하 5:21). 간담이 서늘한 이야기입니다. 이런 일이 어찌 단 한 번만 있었던 일이겠습니까? 여리고 성에서 시날 산 고급 외투를 훔쳐 자기 장막에 감추었던 아간도 있었고(수 7:21), 억울한 죽음을 당한 나봇의 포도원을 차지하려고 나섰던 아합 왕도 있었습니다(왕상 21:15-19). 자기 밭의 판매 대금의 일부를 집에 감추고 베드로에게 다 바치는 듯이 속였던 초대 교회의 아나니아와 삽비라의 이야기도 있습니다(행 5:1-11). 하나님께서는 그들의 모든 악행을 현장에서 일일이 다 지켜보고 계셨습니다.

우리는 하나님의 전지전능(全知全能)을 믿습니다. 그러나 실제의 삶 속에서 이 교리를 적용하지 않는 약점이 있습니다. 하나님께서 모든 것을 다 아신다는 것은 커다란 위로도 되지만, 커다란 두려움도 됩니다. 우리는 하나님의 동행을 원합니다. 그런데 하나님의 동행은 긍정적으로는 보호와 도움과 인도입니다. 그러나 부정적으로는 하나님의 동행은 내가 어디로 가서 무엇을 하고 있는지도 다 아신다는 의미입니다.

주님은 세상 끝날까지 우리와 함께하신다고 약속하셨습니

다. 하나님의 자녀들은 성령의 내주를 받습니다. 이것은 무엇을 의미할까요? 우리 안에서 일어나는 일뿐만 아니라 우리가 밖에서 하는 모든 일도 다 보고 계신다는 뜻입니다. 같은 성령께서 엘리사 선지자를 통해 게하시의 모든 움직임을 주지하고 계셨다고 알렸습니다. 우리는 성령님의 존재를 의식하고 살아야 합니다. 그분의 존재를 막연히 믿지 마십시오. 성령님은 살아 계신 전지전능하신 하나님이십니다.

> "만물보다 거짓되고 심히 부패한 것은 마음이라 누가 능히 이를 알리요마는 나 여호와는 심장을 살피며 폐부를 시험하고 각각 그의 행위와 그의 행실대로 보응하나니"(렘 17:9-10).

만약 우리가 진정으로 하나님의 전지 하심을 믿고 그분의 동행과 성령의 내주가 의미하는 것들을 깊이 생각해 본다면, 우리의 경건 생활에 긍정적인 변화가 올 것입니다. 하나님의 동행과 임재의 뜻을 알고 이를 사모하는 자들은 복 있는 사람들입니다.

: 사탄의 주 무기의 하나는 탐심입니다.

사도 바울이 디모데에게 물욕에 대한 교훈을 했을 때 아마 게하시의 사건을 기억했을지 모릅니다.

> "돈을 사랑함이 일만 악의 뿌리가 되나니 이것을 탐내는
> 자들은 미혹을 받아 믿음에서 떠나 많은 근심으로써 자기
> 를 찔렀도다"(딤전 6:10).

게하시는 나병에 걸렸을 때 많은 근심에 쌓여 자기를 찌른
어리석음을 한탄했을 것입니다. 예수님은 우리가 하나님과 재
물을 겸하여 섬길 수 없다고 하셨고(눅 16:13) "삼가 모든 탐심을
물리치라"(눅 12:15)고 엄히 경고하셨습니다. 바울은 탐심을 우
상 숭배라고까지 말했습니다(골 3:5). 탐심에 대한 경고가 성경
에 많은 까닭이 무엇일까요? 탐심이란 인간의 가장 보편적인
죄에 속하기 때문입니다. 탐심의 유혹은 누구에게나 옵니다. 탐
심은 만족을 모릅니다. 물욕에 팔려 사취와 부정과 뇌물로 축재
한 사람들을 보면 이미 많은 재산을 가진 자들입니다. 탐심은
마음을 부패시킵니다. 탐심은 악과 동맹을 맺고 불법 축재를 부
추깁니다. 그 결과는 언제나 자기를 찌르는 것으로 끝납니다.

> "불의로 치부하는 자는 자고새가 낳지 아니한 알을 품음
> 같아서 그의 중년에 그것이 떠나겠고 마침내 어리석은 자
> 가 되리라"(렘 17:11).

탐심의 대상은 반드시 물욕만은 아닙니다. 명예나 권력이나 혹은 사람까지도 탐심의 대상이 됩니다(히 13:5). 탐심은 자기 것이 아닌 것에 욕심을 내고 필요 이상의 것을 움켜쥐려고 합니다. 그런데 세상에서는 탐심으로 소유한 것들이 많을지라도 법에 걸리지 않으면 문제가 되지 않습니다. 세상은 오히려 그런 사람을 똑똑하고 수완이 좋다고 호평합니다. 그러나 하나님의 눈은 속이지 못합니다. 우리는 대기업체의 부정이나 정치인들의 부패 보도를 대할 때마다 분노합니다. 그런데 탐심은 내 속에도 있습니다. 예수님은 당시의 기업체 부정이나 관리들의 부패를 지적하셨다기보다는 일반 사람들의 탐심을 경고하셨습니다. 탐심을 다스리지 못하면 그 규모는 여건만 조성되면 눈덩이처럼 불어날 수 있습니다. 탐심에는 그릇된 것을 보는 눈이 없습니다. 탐심은 한없이 들어가는 넓은 입과 채워질 수 없는 식욕만 가지고 있습니다. 그런 사람들에게는 반드시 하나님의 진노가 임합니다(골 3:5–6).

: 하나님께서는 단순한 믿음을 축복해 주십니다.

복음은 하나님의 약속을 그대로 신뢰하는 단순한 믿음을 가진 자에게는 언제나 복된 소식입니다. 그러나 게하시처럼 복음을 자신의 이기적 유익을 위해서 이용하려는 자에게는 저주가 됩니다. 예수님의 제자로 따라 다녔던 가룻 유다도 복음을 단순하게 믿지 않고 탐심으로 자기 잇속을 챙기려다가 저주를 받았습니다. 우리는 게하시가 나중에 회개했는지 알 수 없습니다.

우리가 아는 것은 하나님의 구원이 분명히 드러나는 때에 성령 편에 뿌리지 않고 육신 쪽에 뿌리면 썩어질 것을 거둔다는 사실입니다(갈 5:8). 우리는 구원의 심오성과 거대성을 믿지만, 신앙생활은 하나님의 말씀을 그대로 신봉하는 단순한 믿음으로 살아야 합니다. 내가 가진 죄의 나병도 단순한 믿음으로만 치유됩니다. 내가 받은 소명도 단순한 믿음의 자세로만 성취될 수 있습니다.

단순한 믿음으로 살려면 때로는 손해를 보는 듯합니다. 게하시는 나아만 장군이 가지고 온 비싼 예물이 되돌아가는 것을 보고 다시는 그런 기회가 없을 것으로 여겼습니다. 그는 하나님을 순전한 마음으로 신뢰하면 나중에라도 복을 받을 수 있다는 생각을 수용할 수 없었습니다. 그러나 나아만 장군처럼 단순한 믿음으로 주님을 신뢰하는 자에게는 큰 격려가 되는 일이 생깁니다. 어떤 것일까요? 주님께서는 단순한 믿음으로 하나님을 신뢰한 자들을 잊지 않고 기억하십니다. 예수님은 누가복음 4장 27절에서 하나님께서 이방인인 나아만 장군에게 얼마나 큰 은혜를 내리셨는지를 언급하셨습니다.

"또 선지자 엘리사 때에 이스라엘에 많은 나병환자가 있었으되 그 중의 한 사람도 깨끗함을 얻지 못하고 오직 수리아 사람 나아만뿐이었느니라"

이스라엘의 나병환자들이 하나님으로부터 치유를 받지 못했음에도 나아만 장군은 단순한 믿음으로 하나님의 말씀을 따랐기 때문에 무서운 질병에서 풀려났습니다. 이 일로 나아만 장군은 구원의 본질을 드러내는 실례로써 예수님의 말씀에서 언급되었습니다. 나아만 장군은 주전 9세기 때의 사람입니다. 그러나 주님께서는 단순한 믿음을 가진 자를 오랜 세월이 지난 후에도 기억하십니다. 우리도 단순하고 순전한 믿음으로 예수님을 신뢰하고 살면 주님께서 우리의 이름을 기억하십니다. 하나님께서 그런 성도들을 오래오래 기억하시고 축복하신다는 사실은 우리에게 큰 격려가 됩니다.

예수 믿는 일을 어렵게 여기거나 복잡하게 생각하지 말아야 합니다. 성경은 구원의 본질을 매우 간명하게 설명합니다. 예수 그리스도를 단순한 믿음으로 받아들이십시오. 복음의 단순성은 지금도 바뀌지 않았습니다. 어린아이와 같은 단순하고 순수한 믿음은 우리에게 기쁨을 주고 마음에 평강을 가져오며 밝은 자세로 살게 합니다. 나는 믿음을 아직도 너무 어렵고 복잡한 것으로 여기지는 않습니까? 복음의 본질을 파악하도록 하십시오.

예수 그리스도의 복음은 우리에게 기쁨과 확신과 평안을 가져오는 단순한 구원의 진리입니다.

: 죄는 자복하면 즉시 용서를 받습니다.

복음이 참으로 좋은 소식인 것은 어떤 죄도 용서받을 수 있다는 것입니다. 예수님의 십자가에는 세상 모든 죄가 포함되어 있습니다. 예수님은 "세상 죄"(요 1:29)를 지고 가셨습니다. 그래서 예수님을 믿기 이전이나 이후에 짓는 일체의 죄가 다 용서될 수 있습니다. 단, 예수 그리스도의 속죄의 피를 믿고 자기 죄를 하나님께 고백하며 용서를 구해야 합니다. 게하시의 불행은 그가 회개할 기회를 놓친 것입니다. 엘리사 선지자가 그에게 "네가 어디서 오느냐"(왕하 5:25)고 물었을 때 게하시는 "아무데도 가지 아니하였나이다"(왕하 5:25)라고 거짓말을 하였고 "지금이 어찌 은을 받으며…양이나 소나 남종이나 여종을 받을 때이냐"(왕하 5:26)라는 질책을 받고서도 회개의 기색이 조금도 없었습니다.

게하시에 대한 스토리가 어떻게 막을 내렸는지를 주목하십시오. 그가 하나님의 사람 앞에서 아무런 회개가 없이 그냥 물러 나왔을 때 "나병이 발하여 눈같이 되었더라"(왕하 5:27)는 말로 끝났습니다. 그동안 게하시가 엘리사를 위해 봉사한 모든 것이 허사가 되고 그의 공적이 다 불타버리는 순간이었습니다. 게하시에게는 회개가 없었습니다. 이것이 게하시의 최대의 비극입니다. 그는 엘리사 자신이 엘리야 선지자의 수종을 들다가 그의 후계자가 되었듯이, 엘리사의 뒤를 이을 수도 있는 위치에 있었습니다. 그러나 그는 모든 기회를 망치고 말았습니다.

게하시는 나아만 장군을 속일 수 있었을지라도 엘리사는 속일 수 없었습니다. 엘리사 뒤에는 하나님의 영이 계셨기 때문입니다. 하나님의 책에는 완전 범죄가 없습니다. 숨은 죄는 세상에서는 다 발견되지 못하여도 마지막 심판대 앞에서 낱낱이 드러날 것입니다. "너희 죄가 반드시 너희를 찾아낼 줄 알라"(민 32:23)는 말씀은 단순한 협박이 아닙니다. 내가 지은 죄는 결국은 나를 고발하고 내 죄의 증인이 될 것입니다.

게하시에게 들어간 나병은 또 한 번의 기적이었습니다. 그러나 나아만 장군의 경우처럼 치유의 기적이 아니고, 없던 불치병이 일순간에 발병한 재앙의 기적이었습니다. 게하시는 나아만 장군으로부터 받은 재물은 감출 수 있었지만 자신이 나병환자임을 숨길 수가 없었습니다. 심판은 바로 내렸습니다. 그는 자신의 악행에 대한 공정한 대가를 받았습니다. 하나님의 심판대 앞에서 각 죄인이 자기 죄에 합당한 심판을 받을 것입니다.

인간은 자기 영혼을 더럽히지 않고서 죄를 지을 수 없습니다. 현세에서는 죄가 항상 벌을 받지 않습니다. 그러나 죄를 짓는 순간에 양심이 흐려지고 내적 자아가 오염되기 시작합니다. 게하시에게 드러난 가시적인 나병은 이미 그의 영혼을 좀먹던 영적 나병에 대한 외부적 표출이었습니다. 그는 외적 질병이 나타나기 훨씬 이전부터 내적 질병을 앓고 있었습니다. 죄의 삯은 궁극적으로 사망입니다. 죄는 마음속에 독약을 주입하고 영혼의 밭에 독초를 식목합니다.

게하시의 비참한 운명에는 이스라엘의 운명을 예고하는 요소가 있습니다. 나아만 장군은 이방인이었습니다. 그는 깨끗하게 치유되었고 하나님의 자녀가 되었지만, 그의 나병은 유대인인 게하시에게 옮겨졌습니다. 나아만 장군은 이방인을, 게하시는 타락한 유대인을 대표합니다. 이방인은 복음을 믿고 영적 어둠에서 깨어나게 될 테지만, 유대인은 적어도 한동안 그들의 어둠을 물려받게 될 것입니다. 나아만 장군의 회심은 하나님의 구원 계획에 들어 있는 이방인들의 회심에 대한 예고편입니다. 나아만의 회심은 이방인까지도 하나님의 자비의 대상이 될 메시아 시대를 내다보게 합니다.

과연 주 예수 그리스도가 세상에 오셨을 때 복음은 유대인들보다 이방인들이 오히려 더 환영하였습니다. 예수님에게 자비를 호소하며 구원을 간청한 사람들은 유대인들보다 이방인들이었습니다(막 7:24-30; 눅 7:2-10). 물론 유대인들도 소수나마 예수님을 하나님이 보내신 구주로 믿었지만, 오순절 이후 약 10년 이후부터는 복음을 믿는 이방인들의 수효가 유대인 크리스천들보다 압도적으로 많았습니다. 지금은 더 말할 나위도 없습니다. 그러나 하나님께서는 이스라엘에 대한 구원도 돌보신다고 하셨습니다. 이방인들의 충만한 수효가 채워지면 많은 유대인이 예수 그리스도를 구주로 영접하게 될 것입니다(롬 11:11-15, 25-27; 엡 2:11-18). 이러한 하나님의 주권적 은혜는 복음이 지닌 신비이며 역설입니다.

우리는 나아만 장군을 둘러싼 스토리에서 인종과 국가를 초월한 멀고 가까운 하나님의 구원 계획을 부분적으로나마 조명할 수 있습니다. 또한 우리는 하나님의 신령한 구원이 진행되는 과정에서 신분의 고하를 막론하고 후대에까지 영향을 줄 사건들에서 많은 교훈을 배울 수 있습니다. 그런데 무엇보다도 하나님의 구원은 간단하며 누구나 쉽게 받을 수 있다는 사실을 기억해야 합니다. 하지만 하나님의 구원 사역을 방해하거나 자신의 이기적 유익을 위해 악용하는 자들은 무서운 형벌을 받는다는 경고도 본 스토리에 담긴 중요한 교훈입니다.

우리는 포로로 잡혀간 이스라엘의 어린 소녀처럼 쓰임을 받을 수도 있고 혹은 엘리사 선지자와 같은 유형의 소명을 받을 수도 있습니다. 어떤 경우이든지 우리는 모두 나아만 장군과 같은 불신자들에게 생명의 길을 제시하는 치유와 구원의 통로가 되어야 합니다. 물론 우리는 게하시의 어리석은 탈선과 그가 받은 재앙을 반드시 피해야 합니다. 그래야만 우리는 본 사건의 스토리를 읽고 은혜를 받았다고 하나님께 감사할 수 있을 것입니다.

그런데 게하시에 대해서 잠시 생각해 볼 점이 있습니다. 우리는 게하시가 회개했는지 모릅니다. 그러나 그가 이스라엘의 왕 앞에 나아간 것으로 보아 적어도 나병에서 치유된 것을 알 수 있습니다. 그렇다면 그는 하나님의 용서를 받은 사람입니다. 게하시는 나병에 걸렸을 때 자신의 사역이 완전히 끝난 사람이었습니다. 그러나 그는 여러 해가 지난 후에 이스라엘의 왕 앞에서 수넴 여자의 죽은 아들을 살린 엘리사의 놀라운 사역을 증언하였습니다. 이것은 우상숭배를 하며 하나님의 능력을 믿지 않는 이스라엘 왕에게 큰 감동을 주었습니다. 그래서 이스라엘 왕은 수넴 여자의 집과 전토를 모두 환원시키고 변상하라는 명령을 내렸습니다. 게하시는 수넴 여자를 돌보시는 하나님의 선한 사역에 결정적인 역할을 하였습니다. 게하시는 나병의 형벌을 받은 자였습니다. 그러나 하나님은 그를 완전히 버리시지 않았음이 분명합니다. 하나님께 벌을 받는다고 해서 용서와 재소명의 문이 아주 닫힌 것은 아닙니다. 게하시도 하나님의 중요한 사역에 쓰임을 받았다면, 우리에게도 복음과 하나님의 나라를 위한 쓰임의 기회가 열려 있다고 확신할 수 있습니다.

4장

쇠도끼의 기적

열왕기하 6:1~7

Elisha 엘리사

"선지자의 제자들이 엘리사에게 이르되 보소서 우리가
당신과 함께 거주하는 이 곳이 우리에게는 좁으니 우리가
요단으로 가서 거기서 각각 한 재목을 가져다가 그 곳에
우리가 거주할 처소를 세우사이다 하니 엘리사가 이르되
가라 하는지라"(왕하 6:1-2)

　　엘리사 선지자는 구약 역사에서 기적을 가장 많이 행한 선지
자입니다. 그런데 그의 기적 중에서 본문에 실린 쇠도끼의 기적
은 가장 진기한 것의 하나입니다. 그런데 우리가 던져야 할 질

문은 이 쇠도끼의 기적 자체가 지닌 진기성보다는 이 기적이 왜 6장 서두에 들어가 있느냐는 것입니다. 이 질문이 다루어진다면 본 기적의 의미도 드러나게 될 것입니다.

: 엘리사 선지자의 제자들은 게하시와 다른 종류의 사역자들입니다.

열왕기하 5장은 아람 왕의 총사령관인 나아만이 엘리사에게 와서 자신의 나병 치유를 받은 스토리로 시작합니다. 그리고 나아만 장군이 돌아갈 때 엘리사의 시종인 게하시가 거짓말을 하여 그로부터 예물을 받아 착복한 스토리로 끝납니다. 게하시는 벌을 받아 나아만 장군에게서 떠난 나병에 걸리게 되었습니다. 게하시는 엘리사 선지자를 가장 가까이에서 섬겼지만 가장 악한 종이었습니다. 그는 엘리사 선지자의 시종이 되기에는 너무도 어울리지 않는 인물이었습니다. 그는 나쁜 면으로 머리를 민첩하게 굴리는 자였기 때문에 사실상 어떤 주인에게도 해를 끼칠 수 있는 소지가 있었습니다.

엘리사 선지자는 이스라엘 백성이 우상 숭배에 빠져 하나님의 뜻을 저버리고 악한 삶을 살 때 여호와 종교의 회복을 위해 부름을 받았던 엘리야 선지자의 사역을 이어받았습니다. 게하시는 이러한 중대하고 거룩한 하나님 나라의 역군으로 활약하는 엘리사 선지자를 곁에서 돕는 특권을 가졌습니다. 그런데 그는 영적 사역의 귀한 뜻에는 관심이 없었습니다. 그는 나아만 장군의 스토리에서 드러났듯이, 오직 자기 배를 채우는 물욕의 노예가 되어 수단과 방법을 가리지 않았습니다. 자신의 특권을 이용하여 뇌물을 받거나 압력을 가하여 불의한 이득을 보는 사람들은 언제나 있게 마련입니다. 부패한 사회일수록 이런 일은 자주 발생합니다. 우리나라의 기업체나 국가 관리 중에도 게하시 같은 졸부들이 있어 돈세탁하거나 국가 지원금을 빼돌리거나 뇌물을 상습화한다는 것은 누구나 다 아는 현실입니다.

그런데 우리에게 더 심각한 문제는 게하시가 하나님의 사역에 끼어 있다는 것입니다. 이스라엘은 바알 숭배로 인해 하나님의 백성으로서의 정체성을 잃고 이방 나라처럼 되고 있었습니다. 이것을 막기 위해 심혈을 쏟는 엘리사 선지자의 사역에 게하시는 암적인 존재였습니다. 우리는 게하시에게 분노합니다. 그는 배신자며 위선자입니다. 그는 하나님의 일을 빙자하여 축재를 일삼는 세속적인 사역자입니다. 그는 엘리사를 돕는 종이 아니고 엘리사를 해치는 집안의 원수입니다. 그는 이스라엘 백성이 여리고 성에 들어갔을 때 귀중품을 훔쳤던 아간과 같은 부류로서 하나님의 거룩한 사역에 재를 뿌리는 사람입니다.

그런데 또 하나의 문제가 있습니다. 그것은 우리가 게하시의 고약한 행실을 보고 하나님의 사역에 대해 부정적인 견해를 갖는 것입니다. 우리는 이렇게 질문하며 낙심할지 모릅니다.

「엘리사 선지자가 어떻게 게하시 같은 인간을 시종으로 삼았을까? 그에게 영적 분별력이 없었단 말일까? 일이 크게 터지기 전에 게하시를 왜 진즉 끊어버리지 못하였을까? 그에게 지혜와 결단력이 부족한 탓이었을까? 이스라엘 나라 전체를 여호와께로 돌이키게 하려는 거창한 소명을 받은 대선지자가 자기 시종 하나 바로잡지 못하고서야 어찌 나라를 바로잡을 수 있단 말인가?」

만약 우리가 이런 식으로 생각하고 하나님의 일을 비관한다면 예수님의 사역에 대해서도 비관하게 될 것입니다. 열 두 제자 중에 예수님을 팔아넘긴 유다가 끼어 있었습니다. 예수님이 분별력이 없어서 유다를 사도로 삼으시고 그가 계속하여 헌금을 도둑질하는데 이 사실도 모르고 계시다가 드디어 큰일을 당하셨다고 본다면 어떻게 될까요? 예수님에 대한 신뢰도 떨어지고 하나님의 나라에 대한 장래도 어둡게 볼 것입니다.

그런데 복음은 온 세계에 퍼졌습니다. 하나님의 구원은 마침내 온전히 완성될 것입니다. 아무리 간교한 인간들의 방해가 있어도 복음은 승리합니다. 아무리 악한 세력이 침투하여도 구원의 복음이 가진 능력을 막지 못합니다. 그러므로 하나님의 일이 진행되는 과정에서 좌절을 일으키는 불상사가 일어나도 교회의 장래를 어둡게만 보지 말아야 합니다. 이것은 현재 여러 면에서 영적 중병의 증상을 드러내고 있는 우리나라 교회의 어두운 현실을 볼 때도 적용되어야 할 교훈입니다.

왜 게하시의 스토리에 이어서 쇠도끼 기적의 스토리가 나올까요? 게하시의 사건으로 하나님께서 일으키신 영적 갱신 사역의 장래를 비관하거나 치우친 판단을 내리지 않게 하려는 것입니다. 쇠도끼 기적은 그 자체로서 주는 교훈이 있습니다. 그러나 이보다 더 큰 문맥은 엘리사에게는 게하시와 같은 악한 종만 있는 것이 아니라는 사실입니다. 하나님의 일에는 거의 언제나 사악한 종들이 끼어 있습니다. 착하고 충성스러운 종들만 있다면 일이 순조로울 것입니다. 그러나 게하시 같은 불충한 종들이 있음에도 불구하고 하나님의 일은 목표를 향해 전진하므로 하나님의 능력이 크게 드러나게 됩니다. 바울의 고백처럼 자신의 육체에 가시가 꽂혀 있기에 하나님의 능력이 약한 데서 온전하여진다는 사실을 깨닫게 됩니다. 그래서 바울은 자신이 약한 때에 강하다고 했습니다(고후 12:7-10).

게하시만 보고 하나님의 일을 비관하는 것은 하나만 보고 둘은 보지 못하는 것입니다. 하나님의 일에는 게하시가 끼어 있지만 그와는 전혀 다른 신실한 주의 종들도 있습니다. 엘리사의 사역은 이러한 새로운 형태의 종들에 의해서 전진합니다.

우리나라 교회도 마찬가지입니다. 교회가 커질수록 약삭빠른 게하시들이 몰려옵니다. 교회에서 출세의 길과 돈이 보이기 때문입니다. 교회가 가난하고 교회를 통해 성공하기가 어려운 상황에서는 게하시들이 들어오지 않습니다. 과거에 우리나라 교회가 힘들었을 때는 신학교 가는 사람들도 적었고 목회의 길로 들어선다고 하면 다들 고생한다고 말렸습니다. 당시에 고생한다는 말은 밥 먹기 어렵다는 뜻이었습니다. 지금은 밥그릇이 남아 돌아갑니다. 게하시들이 탐하는 성공과 인기와 돈이 교회에서 흘러나옵니다. 그들은 그런 쪽으로만 교회를 봅니다.

물론 아직도 어려운 교회들이 있고 생활고에 시달리는 목회자들도 적지 않습니다. 그러나 게하시들의 시선은 그런 곳에 쏠리지 않습니다. 우리가 교회에서 게하시들을 보면 어떤 반응을 보입니까? 곧장 부정적으로 안목이 바뀌기 쉽습니다. "이렇게 해서야 교회의 장래가 어떻게 되겠느냐?"고 한탄하는 분들이 많습니다. 한탄할 수 있는 충분한 이유가 있다고 봅니다. 그러나 우리는 게하시만 볼 것이 아니고 엘리사의 다른 제자들도 보아야 합니다. 하나님께서는 때가 되면 게하시들을 처분하실 것입니다. 게하시에게 나병이 들어간 것은 하나님의 때에 일어난 일입니다. 엘리사가 분별력이 없었던 것이 아닙니다. 그는 하나님의 결정적인 때가 되었을 때 게하시에게 단호하고 무서운 심판을 내렸습니다.

이것은 후대를 위한 경종입니다. 탐심을 채우기 위해서 하나님의 일을 오용하는 자들은 반드시 엄중한 심판을 받습니다. 게하시의 이름은 아간처럼 악한 일을 행하다가 하나님의 진노의 심판을 받은 자로서 성경에 기록되었습니다. 반면, 착하고 충성스러운 종들의 스토리도 하나님의 구원의 역사 속에 적혀 있습니다. 엘리사의 다른 제자들에 대한 6장의 스토리는 우리의 시선이 게하시에게 묶여 있지 말고 하나님의 구원 사역이 힘차게 일어나는 현장으로 옮겨갈 것을 촉구합니다. 하나님의 일은 게하시의 공공연한 배역에도 불구하고 새로운 부흥을 맞이하였습니다. 이것은 매우 큰 격려가 됩니다.

첫째, 엘리사의 제자들은 세우는 자들이었습니다.

게하시가 하나님의 일을 허무는 자라면, 엘리사의 제자들은 하나님의 일을 세우는 자들이었습니다. 엘리사의 제자들은 각지에서 엘리사의 사역에 동참하기 위해 모여들었습니다. 이들은 이스라엘의 배도와 부패에 대항하는 소명을 받고 엘리사에게 와서 훈련을 받았습니다. 제자들의 수효는 점차 늘어나서 넓은 곳으로 거처를 옮겨야 했습니다. 이것은 엘리사의 사역에 고

무적인 효과가 나타나기 시작했다는 증거입니다. 이들 중에는 결혼하여 자녀까지 둔 제자들도 있었습니다(왕하 4:1). 아이들까지 데리고 함께 공동체 생활을 한다는 것은 쉬운 일이 아닙니다. 넉넉하지 못한 상황에서 고생하며 살 것을 각오해야 합니다. 그런데도 많은 훈련생이 모여든 것은 그들의 헌신의 깊이를 대변합니다.

엘리사 선지자의 사역은 부패한 왕궁의 미움을 받고 있었습니다. 편할 때에 사역자 훈련을 받는 것은 누구나 할 수 있습니다. 그다지 힘들이지 않고 신학교를 졸업하고 강단에 설 수 있습니다. 그러나 가난과 박해를 감내해야 하는 상황에서는 극소수가 하나님의 일에 관심을 둡니다. 사회는 가난한 사람들을 반기지 않습니다. 박해의 대상들과 가까이하려고 하지 않습니다. 자신들도 다칠까 봐 염려하기 때문입니다. 엘리사의 제자들은 이러한 불리한 여건에도 불구하고 소명을 위해 더욱 열심히 봉사하였습니다. 이들은 스스로 자신들의 처소를 건축하는 수고를 아끼지 않았습니다. 참으로 하나님의 부름을 받고 헌신 된 자들의 한 특징은 몸을 아끼지 않는 것입니다. 자기는 편하게 지내면서 대접만 받으려고 하거나 다른 사람의 노고로 생색을 내려고 하지 않습니다. 이것이 게하시와 엘리사의 제자들 사이의 차이였습니다.

엘리사의 제자들은 게하시처럼 엘리사 선지자의 이름을 팔며 누구에게서도 거짓으로 물질을 받아내지 않았습니다. 그들은 백성에게 가서 엘리사 선지자의 훈련원 건축 사역이니까 복받으려면 헌금을 하든지 자재를 대라고 말하지 않았습니다. 하나님의 사업이라는 명분을 걸고 헌금의 압박을 가하는 일은 그쳐야 합니다. 성전 건축이라는 미명으로 혹은 하나님께 영광을 돌리는 일이라고 내세우면서 실제로는 자신들의 영예를 더 추구하는 것은 게하시의 수법입니다. 성도들로 하여금 빚까지 지게 하면서 그것이 주께 헌신하는 것이라고 가르치는 것은 복음을 매도하는 행위입니다. 이것은 하나님의 교회를 세우는 것이 아니라 허무는 일입니다. 성경의 가르침을 떠나서 세속적이고 외형적인 가치관으로 세워지는 교회들은 게하시의 행실을 답습하는 것입니다.

우리의 현실은 외형을 보고 따라갑니다. 신자들이 허름한 교회당과 멋진 현대식 교회당 중에서 어느 쪽을 택할 것 같습니까? 목회 지망생이 있다고 칩시다. 시설이 형편없는 재래식 신학교와 현대식 건물의 신학교 중에서 어디에 원서를 제출할 것 같습니까? 엘리사의 제자들이 지은 훈련원은 석조나 대리석 건물이 아니었습니다. 내부 치장도 하지 않았습니다. 그냥 도끼로 자른 나무들로 대충 세운 불편한 시설이었습니다. 그렇지만 그들은 이스라엘 역사에서 가장 훌륭한 선지자 중의 한 사람인 엘리사 밑에서 최선의 훈련을 받으면서 가치 있는 사역을 하였습니다. 교회사적으로 볼 때 위대한 하나님의 사람들은 대체로 열악한 환경에서 훈련을 받았습니다. 하나님의 사람들을 길러내기 위해서 시설과 학위 수여에 투자하기보다 한 두 분의 좋은 스승을 모시고 미비한 시설에서라도 뜻 있는 제자들을 모아 훈련을 받게 하는 것이 훌륭한 사역자들을 배출하는 더 나은 길일 수 있습니다.

우리는 게하시가 아닌 엘리사의 제자들을 보고 힘을 내어야 합니다. 교회가 아무리 세속화되었어도 게하시들만 있는 것이 아닙니다. 하나님의 일을 복음의 원칙과 성령의 인도에 따라 행하면서 교회를 바로 세우려고 힘쓰는 참된 제자들도 조금씩 늘어나고 있습니다. 하나님께서는 남은 자들을 숨겨 두셨다가 교회가 갱신되어야 할 절급한 시기에 이들을 드러내십니다. 하나님께서는 그들이 편한 밥을 먹지 않게 하십니다. 오히려 가난과 불리한 여건 속에서 하나님의 능력을 체험하며 강훈련을 받게 하십니다. 우리는 이런 일꾼들을 더 많이 보내 달라고 주께 간절히 기도해야 합니다. 추수할 분량에 비하면 일꾼들이 크게 부족하기 때문입니다(마 9:36-38). 엘리사의 제자들이 많이 일어나도록 기도하십시다. 그리고 나 자신부터 교회 갱신을 위해 어떤 방법으로든지 기여하도록 힘써야 합니다. 하나님께서는 그런 성도들을 찾고 계십니다. 그런 자녀들에게 하나님께서는 선한 뜻을 보여 주시고 이를 행할 수 있는 능력을 주시며 가치 있는 크리스천 삶을 살게 하십니다.

둘째, 엘리사의 제자들은 자신들의 사역에 엘리사의 허락과 임재를 원하였습니다.

> "우리가 요단으로 가서 거기서 각각 한 재목을 가져다가 그 곳에 우리가 거주할 처소를 세우사이다 하니 엘리사가 이르되 가라 하는지라"(왕하 6:2)

하나님의 일을 할 때 가장 조심할 부분은 우리의 생각과 계획으로 무조건 밀고 나가지 않는 것입니다. 물론 우리는 주의 일을 위해 항상 신중히 생각하면서 계획을 세워야 합니다. 그러나 아무리 당연하고 좋은 계획이라도 하나님께 아뢰고 허락을 받는 것이 옳습니다. 우리는 모든 일에서 하나님을 의식해야 하고 그분의 계획과 주권을 존중해야 합니다. 그렇다고 해서 매사를 결정할 때마다 일일이 하나님께 여쭈어 볼 필요는 없습니다. 하나님께서는 우리가 건전한 상식으로 판단하여 결정하도록 많은 자유를 주십니다. 우리는 아침에 커피를 마셔야 할지 홍차를 마셔야 할지를 놓고 기도하지 않아도 됩니다. 긴바지를 입어야 할지 짧은 바지를 입어야 할지에 대해서 하나님의 허락을 구할 필요도 없습니다. 거울 앞에서 화장을 할 것인지 안 할 것인지를 놓고 고민할 필요가 없습니다. 그러나 우리는 어떤 종류의 일들을 놓고 하나님의 허락을 구해야 할 것인지를 판단할 수 있어야 합니다. 판단하기 어려운 문제는 당연히 하나님의 도우심을 구하고 성령의 인도를 받아야 합니다. 이러한 자세는 성숙의 한 표지입니다.

엘리사의 제자들은 선지자 수련생들로서 엘리사의 사역을 돕는 자들이었습니다(왕하 2:16; 4:1; 6:1-3; 9:1-4). 그들은 거처 문제를 해결하기 위해서 지혜로운 결정을 내렸고 이를 엘리사에게 알린 후에 그의 허락을 받았습니다. 이런 일은 어떻게 보면 너무도 당연한 것처럼 보입니다. 그러나 하나님의 종들이 쉽게 그르칠 수 있는 문제입니다. 하나님의 일이 잘되어 갈 때는 열심이 솟고 더 많은 계획을 세우게 됩니다. 그런 때에 자기 생각이 지배하여 일을 망치거나 이기적인 욕심의 유혹에 넘어가기 쉽습니다. 이 점에서 엘리사의 제자들과 게하시의 차이가 두드러집니다. 다 같은 종들이었지만 게하시는 자기 생각과 결정을 앞세우고 주인의 결정까지도 무시하였습니다. 엘리사는 나아만 장군으로부터 어떤 예물도 받지 않겠다고 맹세까지 했습니다(왕하 5:16). 게하시는 자신도 여호와의 이름으로 맹세하면서 나아만 장군에게 거짓말을 하고 예물을 받아 착복하였습니다. 그는 기회주의자였고 육적이었으며 자기 주인의 뜻에 역행한 불충한 종이었습니다. 그는 여호와의 이름을 망령되게 오용하였습니다.

반면, 엘리사의 제자들은 공동으로 주의 일을 이루는 영적 협력자들이었습니다. 게하시는 자기 마음대로 행하였고 엘리사의 제자들은 주인의 뜻을 물었습니다. 게하시는 속임수로 자신을 위해 예물을 받아 챙겼고, 엘리사의 제자들은 물건을 빌려서 공동의 목적을 위해 사용하였습니다. 게하시는 저주를 받아 나병 환자가 되었지만, 엘리사의 제자들은 잃은 도끼를 되찾았습니다.

또 한 가지 두드러진 차이는 게하시는 엘리사를 가장 가까이 섬기면서도 자신의 유익을 항상 노렸지만 엘리사의 제자들은 엘리사와 떨어져 있기보다 함께 동거하며 말씀을 배우고 하나님의 인도를 받기를 원하였습니다. 엘리사는 그들의 소청을 들어주었습니다.

"그 하나가 이르되 청하건대 당신도 종들과 함께 하소서 하니 엘리사가 이르되 내가 가리라 하고 그들과 함께 가니라…"(왕하 6:3).

반면, 게하시는 나아만의 예물을 속여 받은 일 때문에 엘리사를 떠나야 했습니다.

"그러므로 나아만의 나병이 네게 들어 네 자손에게 미쳐 영원토록 이르리라 하니 게하시가 그 앞에서 물러나오매 나병이 발하여 눈같이 되었더라"(왕하 5:27).

우리는 쇠도끼의 스토리가 왜 게하시의 스토리 다음에 이어 나오는지를 생각해 보았습니다. 그 한 가지 이유는 게하시와 엘리사 제자들 사이의 대조를 통해서 교훈을 받게 하려는 것입니다. 즉, 하나님을 신실하게 섬기면 큰 축복을 체험하지만 그렇지 않으면 무서운 심판을 받는다는 것입니다. 게하시는 하나님의 사람인 엘리사를 섬기면서 물욕의 유혹을 뿌리치지 못하였습니다. 개인적인 물욕도 있지만, 집단적인 물욕도 있습니다. 교회도 집단적인 물욕에 빠지면 세속적인 성공주의의 처세를 따라 부패하게 됩니다. 엘리사의 제자들처럼 비록 쇠도끼를 빌려야 하는 가난한 형편이라도 함께 땀을 흘리며 주님을 신실하게 섬기는 것이 아름답고 선한 일입니다. 주님은 그런 자녀들을 언제라도 칭찬하시고 보상해 주십니다.

우리는 또한 하나님을 섬기면서 때를 분별할 수 있어야 합니다. 게하시가 엘리사 선지자로부터 받은 질책은 그가 때를 분간

하지 못하고 망동을 저질렀다는 것이었습니다.

> "…지금이 어찌 은을 받으며 옷을 받으며…남종이나 여
> 종을 받을 때이냐"(왕하 5:26).

게하시는 이방인 장군인 나아만이 나병의 치유를 받고 여호
와 하나님을 믿게 된 놀라운 부흥의 때에 해서는 안 되는 일을
범하였습니다. 그러나 엘리사의 제자들은 선지자 훈련생들이
많이 늘어나는 부흥의 때에 희생적인 봉사를 하면서 하나님의
일에 전념하였습니다. 하나님께서 복을 주시는 때를 알아보지
못하거나 알고서도 자기 잇속만 챙기면 큰 화를 당하게 마련입
니다. 하나님께서는 구원 계획을 실행하시면서 엘리사가 게하
시의 악행을 다 보게 하셨듯이, 자기 종들의 처신과 행동을 일
일이 다 지켜보십니다.

> "엘리사가 이르되 한 사람이 수레에서 내려 너를 맞이할
> 때에 내 마음이 함께 가지 아니하였느냐"(왕하 5:26).

그런데 악한 종의 악행을 보시는 하나님은 착한 종의 곤경도
보십니다. 그래서 엘리사 선지자의 한 수련생이 쇠도끼를 물속
에 빠뜨렸을 때 다시 떠오르게 하셨습니다(왕하 6:6). 하나님께서

는 구원의 때를 기뻐하며 힘써 수고하는 성도들에게 귀중한 체험을 하게 하십니다. 우리는 주님을 위해 무엇을 행할 때인지를 잘 분간해야 합니다. 하나님의 구원 활동에 비추어 자신이 행해야 할 일에 적극적으로 참여하고 기여하도록 하십시오. 그러면 하나님의 때에 일어나는 놀라운 섭리를 체험하게 될 것입니다.

: 하나님께서는 우리가 잃어버린 것들을 회복해 주십니다.

일상 생활에서 소중한 것을 잃는 것은 고통스러운 체험입니다. 더구나 신자들은 주님을 힘써 섬길 때 이런 일을 당하면 왜 하나님께서 보호해 주시지 않았는지 몰라서 더 힘들어집니다. 엘리사의 제자들은 새로운 처소 마련을 위해 쇠도끼를 빌려 사용 중이었습니다. 불행하게도 도끼 머리가 물속에 빠졌습니다. 쇠도끼 머리는 당시에 매우 비싼 귀중품이었습니다. 이것은 특별히 부탁해서 임시로 빌린 것인데 깊은 물 속에 빠뜨렸기에 다시 건질 수도 없었고 가난한 제자들이 변상할 능력도 없었습니다. 제자들은 부흥의 때를 만나 기쁜 마음으로 숙소 건축에 열심을 내고 있었습니다. 이 계획은 엘리사 선지자의 승인을 받은 일이었고 엘리사 선지자도 함께 기거하게 될 것이었습니다. 그렇다면 일이 순조롭게 진행되어야 하지 않겠습니까? 그러나 뜻밖의 사고가 발생하였습니다.

> "한 사람이 나무를 벨 때에 쇠도끼가 물에 떨어진지라 이
> 에 외쳐 이르되 아아, 내 주여 이는 빌려온 것이니이다"(
> 왕하 6:5).

공사 중에 이런 종류의 사고는 흔히 일어날 수 있습니다. 그러나 제자들의 입장에서는 이것은 보통 난감한 일이 아니었습니다. 만일 이 문제를 해결하지 못하면 엘리사 선지자의 사역에 대한 평판이 나빠질 것이고 앞으로 다른 장비들도 빌릴 수 없게 될 것이었습니다. "아아, 내 주여 이는 빌려온 것이니이다"라는 절박한 부르짖음에서 우리는 이 문제의 심각성을 쉽게 가늠할 수 있습니다.

그런데 엘리사 선지자의 도움을 즉시 구한 것은 지혜로운 일이었습니다. 우리는 위기 때마다 하나님을 원망하거나 왜 이런 일이 일어났는지를 놓고 괴로워할 것이 아니라 하나님의 도우심을 즉시 간구해야 합니다. 그런데 만약 엘리사 선지자가 제자들과 함께 있지 않았다면 즉각적인 도움을 받지 못했을 것입니다. 제자들은 새로운 거처를 지으면서 엘리사 선지자와 동거하며 살기를 원했습니다. 그 결과 쇠도끼를 물속에 떨어뜨리는 불상사의 현장에서 엘리사 선지자의 도움을 즉시 받을 수 있었습

니다.

　여기서 우리가 받아야 할 교훈은 하나님과 늘 함께 살아야 한다는 것입니다. 우리는 언제 무슨 일이 일어날지 모르는 세상에서 삽니다. 우리는 주님께서 우리와 동행하시기를 원합니다. 그러나 우리 편에서 항상 주님과 동행해야 한다는 것을 잊지 말아야 합니다. 우리가 주님과 가까이 있어야 주님에게 우리의 필요를 신속하게 알리고 도움을 받지 않겠습니까? 물론 하나님은 거리나 시간에 제한을 받지 않으십니다. 그렇지만 평소에 하나님과의 긴밀한 교제가 없으면 위기에 하나님의 이름을 깊은 신뢰와 확신으로 부를 수 없습니다.

　엘리사 선지자는 과거에도 여리고의 오염된 식수를 정화했고, 한 제자의 과부가 겪는 가난을 해결하기 위해 기름병이 넘치게 하였으며, 수넴 여자의 죽은 아들을 다시 일으켰습니다. 또한, 독이 든 국을 해독시켰고, 부족한 양식으로 많은 무리가 먹고도 남게 하였으며, 나아만 장군의 나병이 치유되게 하였습니다(왕하 2:19-22; 4:1-44; 5:1-14). 이것은 모두 기적으로 이루어진 회복 사역이었습니다. 엘리사의 제자들은 하나님께서 엘리사 선지자를 통해 놀라운 갱신 운동을 일으키신다는 사실을 잘 알고 있었습니다.

　하나님께서 전능하시므로 기적을 행하실 수 있다고 단순히 믿는 것은 실제로 위기를 당했을 때 아무런 도움이 되지 않습니다. 기적을 행하시는 하나님의 뜻이 무엇인지를 알아야 합니다. 그래서 기적 자체보다 기적이 담고 있는 메시지가 더 중요합니다. 예수님도 세상에 오셔서 많은 기적을 행하셨습니다. 그러나 무리는 기적의 직접적인 유익에만 집착하였으므로 기적을 통해서 가르치려는 예수님의 구원의 말씀에는 귀를 닫았습니다(요 6:26). 그들은 육신의 질병은 치유되었을지라도 영혼의 질병에서는 해방되지 못하였습니다.

물속에 떨어졌던 쇠도끼는 다시 떠올랐습니다. 이것은 분명 놀라운 기적입니다. 그러나 이 기적이 담고 있는 메시지가 있습니다. 그것은 하나님께서 신실한 자기 백성을 돌보신다는 사실입니다. 지금도 기적은 일어나고 있습니다. 그러나 중요한 것은 기적 자체의 경이가 아니라 기적을 베푸시는 하나님이 어떤 분이신지를 알고 날마다 그분을 신뢰하는 것입니다.

하나님은 우리의 삶에서 잃어버린 것들을 쉽게 찾아주실 수 있습니다. 우리가 잃는 것이 있다면 무엇일까요? 하나님을 섬기면서 실수로 잃는 것도 있고, 신실하지 못하여 잃는 것도 있습니다. 죄에 넘어져서 잃는 것도 있고, 방심하다가 잃는 것도 있습니다. 원수들이 와서 빼앗기는 것들도 적지 않습니다. 주님을 섬기기 위해서 기꺼이 포기하거나 버리는 것들도 있습니다. 박해 시기에는 재산도 몰수당하고 직업도 잃으며 투옥도 됩니다. 지금도 많은 기독교 신자가 주 예수의 복음으로 인해서 여러 지역에서 박해를 당하고 있습니다. 그러나 그리스도 안에서 잃어버리거나 희생적으로 스스로 버린 것들은 하나님의 자비로 모두 회복 받게 될 것입니다.

> "또 내 이름을 위하여 집이나 형제나 자매나 부모나 자식이나 전토를 버린 자마다 여러 배를 받고 또 영생을 상속하리라"(마 19:29).

> "너희가 갇힌 자를 동정하고 너희 소유를 빼앗기는 것도 기쁘게 당한 것은 더 낫고 영구한 소유가 있는 줄 앎이라 그러므로 너희 담대함을 버리지 말라 이것이 큰 상을 얻게 하느니라"(히 10:34).

우리가 주 예수께 속한 참 백성이라면 비록 우리의 죄나 실수로 인해서 하나님의 징계를 당하는 일이 있어도 회복될 수 있습니다. 이스라엘 백성은 우상 숭배와 방종으로 하나님의 무서운 징계를 받고 많은 것을 잃었지만, 회복의 약속을 받았습니다.

> "내가 전에 너희에게 보낸 큰 군대 곧 메뚜기와 느치와

황충과 팥중이가 먹은 햇수대로 너희에게 갚아 주리니 너희는 먹되 풍족히 먹고 너희에게 놀라운 일을 행하신 너희 하나님 여호와의 이름을 찬송할 것이라 내 백성이 영원히 수치를 당하지 아니하리로다"(욜 2:25-26).

우리 각자의 삶에는 메뚜기 떼의 공격으로 잃어버린 것들이 있을 것입니다. 그것들은 영원히 회복될 수 없다고 생각할지 모릅니다. 그러나 하나님께서는 낭비된 세월과 잃어버린 과거의 손실들을 여러 방법으로 만회시키고 새로운 축복으로 채우실 수 있습니다. 징계와 시련의 메뚜기 떼들은 영원하지 않습니다. 그것들은 때가 되면 자취 없이 사라집니다. 하나님께서는 메뚜기 떼가 다 먹어 치운 곳에 새싹이 나게 하시고 풍족한 열매가 달리게 하십니다. 하나님은 갚아 주시는 분입니다(욜 2:25). 하나님께서는 악도 갚아 주시고 선도 갚아 주십니다(롬 2:6-11; 계 2:23; 22:12; 렘 17:10). 악인들에게는 자비가 없는 형벌이 내리지만, 주 예수께 속한 하나님의 자녀들에게는 자비가 없는 징벌은 없습니다.

이스라엘 백성의 경우처럼, 포로로 잡혀간 징계와 시련의 기간이 끝나면, 우리는 용서의 기쁨과 겸비의 옷으로 갈아입고 하나님께서 베푸시는 풍성한 회복의 잔치에 참여하게 될 것입니다. 스스로 지은 죄로 벌을 받는 자녀들에게도 이처럼 선으로 갚아 주시는 하나님이시라면 주님을 섬기기 위해서 수고하다가 실수로 잃어버린 쇠도끼 하나가 무슨 문제가 될 수 있겠습니까? 비록 쇠도끼가 없을지라도 하나님의 집은 지어집니다. 메뚜기 떼가 쓸고 간 황무지에서도 주님을 찬송하는 소리가 들립니다. 이것이 하나님의 자비의 능력입니다.

회복의 주님께서는 우리의 잃어버린 시간까지도 만회시켜 주십니다. 우리는 주님과 함께 갱신된 새 하늘과 새 땅에서 영원히 살 것이기 때문입니다. 어그러진 사랑도 회복되고 빼앗긴 재물도 회복됩니다. 주 안에서 꾸준한 믿음과 신실함으로 사는 자녀들은 마침내 하늘에 쌓인 보화들을 소유하게 될 것입니다. 주님에 대한 못다 한 사랑의 헌신도 날로 회복될 것입니다. 물론 이 세상에서 우리가 주님 안에서 잃어버리거나 주님을 위해 스스로 버린 것들은 원상복구가 되지 않을지 모릅니다. 그러나 궁극적으로 우리의 상상을 초월하는 더 좋고 더 나은 것들로 채워질 것입니다. 하나님은 갚아 주시는 분입니다. 하나님의 갚음은 그의 자녀들에게는 언제나 후하기 그지없는 은혜의 선물입니다.

주님을 섬기다가 쇠도끼를 잃은 일이 있습니까? 쇠도끼의 상실이 대변하는 것들이 있습니다. 쇠도끼가 빠져나가는 것은 내 삶에서 하나님의 능력이 빠져 나가는 것과 같습니다. 우리는 방심하는 사이에 영적 능력을 잃습니다. 사랑이 식고 심령이 무뎌지기 시작합니다. 영적 감동이나 열심이 죽습니다. 영적 침체의 원인은 여러 가지입니다. 너무 바쁘거나 너무 피곤해도 영적 무기력에 빠집니다. 하나님의 말씀을 볼 시간도 없고 기도할 틈도 생기지 않습니다. 실제로 시간 자체가 전혀 없기보다는 영적으로 메마른 상태라 성경이 손에 잡히지 않고 기도를 해도 허공에 맴돌 뿐입니다. 영적 공급을 받지 못하면 신앙생활에 활기가 없고 제자리걸음만 합니다. 도낏자루만 가지고 있으면 영적 진보나 성숙이 오지 않습니다.

그러나 낙심하지 마십시오. 주의 이름을 간절히 부르며 도움을 청하십시오. 쇠도끼로 해야 할 일들이 있었다면 어떤 방법으로든지 주께서 행하게 하실 것입니다. 도끼 머리가 없어졌다면 이를 숨기거나 안 그런 척하지 말고, 엘리사의 제자처럼 솔직하게 고백하고 주님께 도움을 간청하십시오.

자신의 죄로 메뚜기 떼의 피해를 보았습니까? 자기 연민에 빠지거나 다시는 주님의 쓰임을 받지 못할 것이라고 체념하고 주저앉지 마십시오. 주께로 돌아가면 회복이 옵니다. 주님은 예레미야 선지자에게 "네가 만일 돌아오면 내가 너를 다시 이끌어 내 앞에 세울 것"(렘 15:19)이라고 약속하셨습니다. 주의 자비하심을 바라보십시오. 주님은 불가능한 일을 성취하십니다. 우리가 전적인 신뢰로 주를 바라보며 그분의 사랑의 능력에 의존하면 쇠도끼가 다시 떠오를 것입니다. 쇠도끼는 빌려온 것이었습니다. 그런데 우리가 가진 것 중에 주님으로부터 받지 않은 것이 무엇입니까? (고전 4:7). 주께서 주신 것이라면 다시 주실 수 있습니다.

주의 자녀들치고 자신의 도끼 머리를 물속에 빠뜨려보지 않은 사람은 없습니다. 아브라함도 그랬고 요나 선지자도 그랬습니다. 다윗과 베드로도 마찬가지입니다. 이들이 떨어뜨린 쇠도끼는 너무도 깊은 곳에 가라앉아 다시는 떠올릴 수 없는 것처럼 보였습니다. 그들은 죄와 어리석은 행동과 침체와 생동력을 잃고 도끼 머리가 빠진 자루처럼 거의 무용지물이 되었습니다. 그러나 모두 하나님의 용서와 재소명을 받았습니다. 그들은 다시 받은 회복된 쇠도끼로 달려갈 길을 끝까지 달렸습니다. 아브라함과 요나 선지자와 다윗과 베드로를 회복시키신 하나님은 우리도 넉넉히 회복시킬 수 있습니다. 주님의 회복을 체험한 자들은 "여호와께서 우리를 위하여 큰 일을 행하셨으니 우리는 기쁘도다" (시 126:3)라고 외칩니다. 이런 회복의 기쁨은 주께로 돌아가는 모든 성도가 받을 수 있는 은혜의 선물입니다.

5장

최선의 승리

열왕기하 6:8~23

Elisha 엘리사

"그 신복 중의 한 사람이 이르되 우리 주 왕이여 아니로
소이다 오직 이스라엘 선지자 엘리사가 왕이 침실에서 하
신 말씀을 이스라엘의 왕에게 고하나이다 하는지라"(왕상
6:12).

본 스토리는 아람(수리아/시리아) 왕이 이스라엘을 공격하는 사
건인데 엘리사 선지자가 깊이 관련되어 있습니다. 아람 왕은 거
의 연중 행사처럼 해마다 이스라엘을 약탈하기 위해 침입하였
습니다(참고. 왕상 20:22, 26). 그런데 아람 왕이 특정한 장소에다

진을 치려고 하면 그 때마다 정보가 새어나가서 번번이 실패하였습니다. 아람 왕은 자기 진영에서 이스라엘과 내통하는 첩자가 있는 줄로 알고 각료들을 소집하여 물었습니다. 사실인즉 자기편에 첩자가 있는 것이 아니고 이스라엘의 엘리사 선지자가 아람 왕의 모든 전략을 손바닥을 보듯이 훤히 다 알고 있다는 것이었습니다.

: 아람 왕은 하나님을 두려워하지 않고 자신의 전략을 믿었습니다.

아람 왕은 이스라엘에 엘리사 선지자가 있다는 것은 잘 알고 있었습니다. 그러나 엘리사가 자신의 밀실에서 하는 말까지 다 엿듣고 있다는 말에 분개하였습니다. 남이 자신의 비밀스러운 일들을 정탐하고 있다는 것은 불쾌한 일입니다. 더구나 국가 안보에 대한 국왕의 비밀회의의 내용을 누가 다 빼내고 있다면 그냥 둘 수 없는 일이었을 것입니다. 지금도 간첩 행위는 중죄에 속합니다. 그래서 우리는 아람 왕이 분노하여 엘리사의 체포를 명령한 것을 충분히 이해할 수 있습니다. 그는 엘리사만 제거하면 자신의 전략대로 이스라엘 땅으로 쉽게 들어가서 약탈할 수 있다고 여겼습니다. 그래서 그는 "말과 병거와 많은 군사"(14절)를 보내어 엘리사가 머문다는 도단 성읍을 포위하게 하였습니다. 선지자 한 사람을 잡기 위해서 많은 군대를 동원할 정도였으니까 아람 왕의 결의를 읽고도 남음이 있습니다. 그는 엘리사의 눈과 귀에 자신의 모든 비밀이 노출되기에 국가 안보에 앞서 왕으로서의 자존심에 큰 상처를 입었을 것입니다.

아람 군대의 사기도 떨어졌을 것은 쉽게 짐작할 수 있습니다. 왕의 명령에 따라 진을 치려고 하면 이스라엘 군대가 벌써 와서 방비하고 있었습니다(9-10절). 진을 치려고 할 때마다 모든 작전이 수포가 되고 말았습니다. 아마도 군인들끼리 수군거렸을 것입니다.

「이번에도 안 될거야 엘리사 선지자가 벌써 다 알고 이스라엘 왕에게 정보를 주었을 테니까 차라리 헛고생할 것이 아니고 회군하는 것이 낫겠네.」

아람 왕은 무엇보다도 영적 분별력이 없었습니다. 그는 이번 전쟁이 단순히 이스라엘 군대와 싸우는 것이 아니고 이스라엘의 여호와 하나님과의 대결이라는 것을 인식하지 못하였습니다. 엘리사 뒤에는 모든 것을 아시는 전지전능하신 하나님이 계셨습니다. 엘리사가 스스로 아람 왕의 작전 비밀을 알아내는 것이 아니고 여호와 하나님이 엘리사에게 정확한 정보를 주셨습니다. 또한 이스라엘 왕이나 군대장관이 이 전쟁을 맡은 것이 아니고 하나님의 종인 엘리사가 맡고 있었습니다. 그래서 하나님께서 자신의 영적 군대장관인 엘리사 선지자를 보호하실 것이었습니다. 그러나 아람 왕은 자신의 병력만 믿고 무조건 도단 성읍을 포위하면 엘리사가 독 안에 든 쥐가 될 것이라고 믿었습니다. 그는 엘리사 뒤에 계신 하나님을 두려워하지 않았습니다.

본 사건은 하나님을 두려워하지 않는 아람 왕이 자기 꾀에 빠져 큰 낭패를 당하는 스토리입니다. 자기 힘을 믿고 하나님을 무시하려는 인간의 시도는 언제나 실패합니다. 가장 대표적인 예는 애굽의 바로 왕이었습니다. 그는 모세의 뒤에 여호와 하나님이 계시다는 것을 알면서도 끝까지 마음을 완악하게 먹고 대항하려다가 결국 하나님이 내리신 열 재앙으로 나라가 초토화되었습니다. 그는 국가 안보라는 차원에서 모세의 말을 들을 수 없다고 고집하였지만, 그에게는 개인적인 이유도 있었습니다. 그는 애굽 제국의 황제가 지녀야 할 자존심이 꺾이는 것을 참을 수 없었고 여호와 하나님 앞에 무릎을 꿇을 마음이 없었습니다.

아람 왕의 신하는 엘리사 선지자 때문에 아람 왕의 작전 비밀이 이스라엘 왕에게 속속들이 보고된다고 알렸습니다. 이것은 그가 엘리사의 하나님을 두려워하고 철수할 기회였습니다. 세상의 어떤 신이 왕의 침실에서 하는 말까지 다 알 수 있단 말입니까? 그런데도 그는 이번 사건에서 이스라엘의 신이 아무리 자기 선지자에게 기밀을 알려 주어도 소용없다는 것을 자신의 능력으로 과시해 보려고 애굽의 바로 왕처럼 마음을 완고하게 먹었습니다. 그 결과는 비참한 패배였습니다.

: 하나님을 쉽게 인정할 수 있을 때 고개를 숙이십시오.

아람 왕이 엘리사의 활동에 대한 보고를 받았을 때 엘리사 뒤에 계신 하나님을 이길 수 없다는 것을 알고 고개를 숙였더라면 무사했을 것입니다. 하나님께서는 첫 번째 경고를 받지 않으면 갈수록 강도 높은 경고를 하십니다. 그리고 계속해서 완고한 마음으로 하나님을 무시하고 자기 고집대로 하면 심판하십니다.

아람 왕은 엘리사가 머무는 도단 성읍을 에워쌌습니다. 그는 엘리사를 잡았다고 확신했을 것입니다. 엘리사는 독 안에 든 쥐와 같았습니다. 그러나 오히려 자신의 군사들이 독 안에 든 쥐가 되었습니다. 하나님께서는 인간의 지혜와 전략을 역용하시고 오만한 인간의 어리석음과 무력함을 드러내십니다(고후 10:3-6). 아람 왕은 군사들을 도단으로 보냈습니다. 그러나 도단에는 그들의 전략에 있지도 않은 안내자가 있었습니다. 그 안내자는 다름 아닌 엘리사 선지자였습니다. 그들은 엘리사를 잡으러 왔지만 엘리사가 그들의 안내자가 되어 이스라엘의 수도인 사마리아로 데리고 갔습니다. 아람 왕이 자기 군대에 지시를 하는 것이 아니고 엘리사가 그들에게 갈 길을 지시합니다. 아람의 군대 장관은 아람 사람이 아니고 엘리사입니다. 이것도 물론 아람 왕의 전략에는 없는 것이었습니다. 그는 이런 상황이 될 줄은 꿈에도 몰랐습니다. 그의 군대는 모두 시력 장애를 받아 주변 환경을 의식하지 못하고 엘리사가 데리고 가는 곳으로 순순히 따라갈 뿐이었습니다.

엘리사 선지자가 아람 군대를 선두 지휘하면서 행진하는 모습을 상상해 보십시오. 아람 군인들은 두 눈을 다 뜨고서도 볼 것을 보지 못한 채 어디로 가는지도 모르고 도단에서 10마일 이상 떨어진 사마리아까지 군말 없이 따라갔습니다. 그들 중의 한 명도 의심을 하지 않았습니다. 호랑이 굴로 들어가면서 아무런 위험도 의식하지 못하였습니다. 그들은 전적으로 무방비 상태였습니다. 그들에게는 아무런 전략이 없었습니다. 그들은 꼭두각시 병정이었습니다. 이보다 더 철저하게 무력한 군대가 있겠습니까? 엘리사가 있는 도단 성읍을 완전히 포위하고서도 엘리사를 잡기는커녕 오히려 그의 안내를 받았습니다. 자신들이 포로가 된 사실도 모른 채 최면에 걸린 듯이 사마리아 수도를 향해 행군하는 모습은 일종의 코메디입니다.

하나님을 쉽게 인정하고 고개를 숙일 수 있는 때를 교만한 마음으로 물리치면 커다란 수치를 당합니다. 엘리사의 하나님을 우습게 여겼던 아람 왕은 이제 자신이 웃음거리가 되었습니다. 어처구니없는 망신을 당한 이번 사건은 현장에 있었던 아람 군인들의 입을 통해서 온 나라에 소문이 퍼졌을 것이고 주변 국가에서도 커다란 웃음거리가 되었을 것입니다. 아람 왕은 자신이 이스라엘의 하나님과 전혀 상대되지 않는다는 사실을 진즉 깨달았어야 했습니다.

: '하나님의 사람'은 하나님의 세계를
보기 때문에 두려워하지 않습니다.

아람 군인들이 도단 성읍을 완전히 포위한 것을 본 엘리사의 시종은 크게 부르짖었습니다. "아아, 내 주여 우리가 어찌하리이까"(15절). 엘리사의 시종은 적군의 마병과 병거를 보고 기겁을 하였습니다. 그가 보인 반응은 대체로 우리의 반응이라고 할 수 있습니다. 갑자기 벌어진 황급한 사태 앞에서 크게 당황하며 염려해 보지 않은 사람은 아마 없을 것입니다. 우리는 엘리사의 시종을 충분히 이해할 수 있습니다. 예수님의 제자들도 풍랑이 거세지자 두려워하며 배의 고물에서 곤히 주무시는 예수님을 화급하게 깨웠습니다(막 4:35-41). 예수님의 제자들도 갑자기 일어난 광풍을 보고 두려워했다면, 엘리사의 시종이 적군의 포위망을 보고 경악한 것은 그리 놀랄 일이 아닙니다. 엘리사는 공포에 질린 그의 시종에게 두려워하지 말라고 하면서 "우리와 함께 한 자가 그들과 함께 한 자보다 많으니라"(16절)고 했습니다. 아마 엘리사의 시종은 이 말을 듣고 어리둥절했을 것입니다. 이스라엘의 군인은 한 명도 보이지 않았기 때문입니다. 그럼 "우리와 함께 한 자"들이 어디에 있단 말입니까? 엘리사의 시종도 아람 왕처럼 영적 식별력이 없기는 마찬가지였습니다. 그도 영적 눈이 열리기 전에는 아무것도 볼 수 없었습니다. 이에 엘리사가 그를 위해 중보 기도를 올렸습니다.

> "여호와여 원하건대 그의 눈을 열어서 보게 하옵소서"(17절).

엘리사의 중보 기도로 그의 시종은 하나님께서 보이시는 영적 세계의 실체를 보게 되었습니다.

> "여호와께서 그 청년의 눈을 여시매 그가 보니 불말과 불병거가 산에 가득하여 엘리사를 둘렀더라"(17절).

엘리사의 시종은 자신의 일생에서 가장 두렵고도 가장 경이로운 체험을 하였습니다. 많은 병력과 강력한 무기로 무장된 적군에게 꼼짝없이 포위가 되었을 때의 공포는 죽음을 눈앞에 보는 것과 같았을 것입니다. 그런데 그가 천상의 불병거와 불말들을 보았을 때는 전혀 다른 세계의 영적 차원의 실체를 의식하였습니다. 이것은 그가 가질 수 있는 최대의 영적 체험이었습니다. 그 이후로 그는 어떤 상황에서도 두려워하지 않게 되었을 것입니다. 이것이 바로 엘리사 선지자가 그를 위해 기도한 목적이었습니다. 위기와 많은 어려움 속에서 우리에게 절실하게 필요한 것이 있다면 무엇일까요? '하나님의 사람'이 올리는 중보기도로 인해서 열린 영적 눈으로 하나님의 세계를 투시하는 체험입니다.

그렇다면 이러한 필요를 우리의 영적 생활에 어떻게 적용하여야 하겠습니까? 먼저 '하나님의 사람'을 알아보고 그 밑에서 배우십시오. 엘리사는 '하나님의 사람'(9, 15절)이었습니다. '하나님의 사람'의 특징이 무엇일까요? 하나님의 세계를 먼저 본 사람입니다. 엘리사는 여호와의 불말과 불병거를 먼저 보았습니다. 자신이 보지도 못하고 알지도 못하는 것을 놓고 다른 사람을 위해 기도할 수 없습니다. '하나님의 사람'은 하나님과 각별한 관계를 맺은 사람입니다. '하나님의 사람'은 하나님과 항상 밀착된 교제를 합니다. 이러한 하나님과의 친밀성은 하나님에 대한 전적인 신뢰를 일으키고 하나님의 계시의 뜻에 순종하며 어둠의 세력 앞에서 두려워하지 않습니다.

'하나님의 사람'이 올리는 기도를 하나님께서 응답하시는 것은 자연스럽게 기대할 수 있는 일입니다. 엘리사처럼 기도를 하면 하나님께서 즉각 응답하시는 것은 무척 부럽습니다. 정말 엘리사처럼 소원 기도가 끝나자마자 즉각적으로 하나님께서 행하신다면 얼마나 좋을까요? 오늘날에는 이런 일이 일어날 수 없을까요? 엘리사의 하나님은 지금도 살아 계십니다. 그렇다면 엘리사처럼 하나님과 깊은 사귐을 가지면서 올리는 기도를 하나님께서 응답하신다고 보아야 하지 않겠습니까? 문제는 엘리사와 같은 '하나님의 사람'이 어디에 있느냐는 것입니다. 누가 '하나님의 사람'입니까? 이 질문은 누가 '하나님의 사람'이 되어야 하느냐?'는 질문으로 우리 자신에게 되돌아와야 합니다. 하나님께서는 우리가 모두 '하나님의 사람'이 되기를 원하십니다.

'하나님의 사람'이라고 해서 엘리사와 같은 선지자의 부름을 반드시 받아야 하는 것은 아닙니다. 엘리야 선지자처럼 엘리사 선지자도 우리와 성정이 같은 사람이었습니다. 우리와 다른 점이 있다면 그는 하나님 앞에서 아무것도 두려워하지 않을 정도로 하나님을 신뢰한 것입니다. 그는 맹목적으로 하나님을 믿는다고 말한 것이 아니고 실제로 적군의 포위를 당한 상황에서도 두려워하지 않았습니다. 그는 영적 눈이 열려 있었습니다. 그래서 필요할 때마다 하나님께서 보여 주시는 하늘의 계시를 볼 수 있었습니다. 그는 하나님과 너무도 가까운 사이였기에 그의 시종을 위해서 하나님께 소청하였고 즉시 응답을 받았습니다. 그의 중보 기도는 그의 시종으로 하여금 하늘의 실체를 보게 하는 엄청난 영적 체험을 갖게 하였습니다. 우리에게 필요한 것이 바로 이런 것입니다. 우리의 영적 눈이 열리려면 '하나님의 사람'이 필요합니다. 우리 주변에는 두려워하는 교인들이 많습니다. 우리 자신이 그들에게 하나님의 사람이 되어 주어야 합니다. 그들이 하늘의 실체를 보도록 우리가 하나님과 밀착된 관계를 유지하면서 기도해 줄 수 있다면 우리도 '하나님의 사람들'이 될 수 있을 것입니다.

신약 시대에는 주 예수를 믿는 모든 성도가 중보의 소명을 받은 "제사장들"(벧전 2:9)입니다. 나 자신이 아직 하늘의 실체를 보지 못하였다면 나를 도와줄 수 있는 '하나님의 사람'을 만나게 해 달라고 하나님께 기도하십시오. 그리고 나 자신이 '하나님의 사람'이 되어 다른 사람들에게 계시의 통로가 되도록 하나님께 구하십시오. 그래서 엘리사처럼 영적 어둠의 세력들을 두려워하지 않고 하나님을 전심으로 신뢰하며 담대히 살아야 합니다. 그렇게 할 때 하나님께서 우리를 악한 세력들로부터 특별히 보호해 주신다는 것을 체험하게 될 것입니다.

엘리사의 시종이 무엇을 보았는지를 주목하십시오. "그가

보니 불말과 불병거가 산에 가득하여 엘리사를 둘렀더라"(17절)
고 했습니다. 하늘 군대는 산에 가득할 뿐만 아니라 엘리사를
호위하고 있었습니다. 하늘의 실체를 보며 하나님의 보호를 확
신하면서 아무것도 두려워하지 않는 삶이 승리하는 그리스도인
의 삶입니다. 이러한 삶은 지금도 가능하며 우리가 모두 힘써
추구해야 할 열망이어야 합니다. 주님의 나라를 위해 영적 전투
에 부름을 받은 모든 성도에게 엘리사의 하나님은 지금도 역사
하고 계십니다.

> : '하나님의 사람' 들은 하나님의 일에서
>   많은 자유를 누립니다.

아람 왕은 처음에는 전쟁의 주도권을 쥐고 있었습니다. 그는
먼저 전쟁을 도발하였고 군사들을 도단으로 보내어 포위하였습
니다. 그러나 사실은 전쟁을 주도하신 분은 하나님이었습니다.
하나님께서 아람 왕의 작전 비밀이 사전에 들통이 나게 하셨고
도단 포위도 아무런 실적이 없는 헛수고가 되게 하셨습니다. 그
뿐만 아니라 참전 군인들이 모두 엘리사의 말을 듣고 그가 인도
하는 대로 움직이게 하셨습니다. 엘리사는 산에 있던 아람 군인
들이 그에게 내려오는 것을 보고 그들의 눈을 어둡게 해 달라고
하나님께 기도하였습니다. 이번에도 하나님께서는 즉각 응답하

셨습니다. 그리고 아람 군인들이 사마리아 수도로 들어왔을 때 다시 그들의 눈을 열게 해 달라고 기도하였고 하나님께서는 이 번에도 그대로 행하셨습니다. 엘리사는 아람 군대에게 한마디도 하지 않았고 아무런 대결도 하지 않았습니다. 그는 단지 여호와 하나님께 적군의 눈을 어둡게 해 주시고 또 눈을 열어 보게 해 달라는 짤막한 두 번의 기도만 올렸습니다.

아람 군대는 한 번의 활도 쏘아보지 못하고 포로가 되었습니다. 그들은 눈을 떠서 정신을 차려보니 사마리아 수도 안에 있었습니다. 이스라엘의 왕과 군사들이 지키는 수도에 제 발로 들어와서 포위되고 만 것이었습니다. 그들은 처음에 도단에서 엘리사를 포위한 것으로 알았지만 이제 역전이 되어 자신들이 사마리아에 갇히게 되었습니다. 이것은 사람의 능력으로 일어날 수 없는 일입니다. 만약 단 한 명의 병사라도 자신들의 상황을 깨달을 수 있었다면 이런 황당무계한 전략에 빠지지 않았을 것입니다. 하나님의 전략에는 오차가 없습니다.

우리는 엘리사의 믿음을 다시 한번 감탄하지 않을 수 없습니다. 하나님께 기도하여 적군들의 눈에 일종의 착시 현상이 일어났을지라도 이것은 잠정적인 기적 현상으로 여겨질 수 있었을 것입니다. 하나님께서는 적군들의 눈이 사마리아에 도착할 때까지 어두울 것이라고 말씀하시지 않았습니다. 그럼에도 엘리사는 그들이 모두 사물을 제대로 식별하지 못할 것을 확신하고 사마리아까지 진행하였습니다. 하나님께서 그렇게 하시겠다고 분명하게 약속하신 일도 아닌데 이렇게 행동하는 것은 위험하지 않을까요?

물론 우리는 하나님의 약속을 붙잡아야 합니다. 그러나 사사건건 하나님의 상세한 지시나 새로운 약속을 받아야만 움직이는 것은 안전할지는 몰라도 담대한 믿음은 아닙니다. 하나님은 이미 적군의 눈을 어둡게 해 달라는 엘리사의 기도를 즉시 응답하셨습니다. 엘리사는 더는 하나님의 추가적인 확인을 받을 필요가 없었습니다. 그러한 기도를 요청한 의도를 하나님께서 이미 아신다고 믿었기 때문입니다. 엘리사의 의도는 아람 군인들을 데리고 사마리아로 가는 것이었습니다. 필요한 것은 그때 가서 다시 기도하면 될 일이었습니다. 엘리사와 하나님 사이는 너무도 가까웠습니다. 이심전심(以心傳心)이라는 말처럼 서로의 마음을 알고 있었습니다. 엘리사는 하나님의 뜻을 알았고 하나님께서는 엘리사의 의도를 읽고 계셨습니다.

아브라함은 '하나님의 벗'이었습니다. 하나님께서는 아브라함에게 마치 친구에게 하듯이, 자신이 하실 일을 다 말씀해 주셨습니다(창 18:17; 사 41:8). 다윗은 '하나님의 마음에 맞는 사람'이라고 했습니다(삼상 13:14). 이런 각별하고 밀착된 신뢰의 관계 속에서는 하나님의 일을 할 때 많은 자유를 누립니다. 하나님께서 지원해 주시기 때문입니다. 그렇지 않다면 10마일 이상을 행군해야 하는데 도중에 탄로가 날까 봐 불안해서라도 일을 감행할 수 없었을 것입니다. 이 점에서 엘리사는 히브리서 11장에 나오는 믿음의 영웅들의 목록에 들어갈 자였습니다. "내가 무슨 말을 더 하리요 다윗 및 사무엘과 선지자들의 일을 말하려면 시간이 부족하리로다. 그들은 믿음으로 나라를 이기기도 하며…."(히 11:32-33).

하나님께서는 그의 자녀들이 하나님과 늘 가까운 교제를 하고 있을 때는 하나님의 마음과 일치되는 일들을 알아서 하기를 원하십니다. 중간에 일이 잘못될까 봐 몸을 도사리고 전전긍긍하는 것은 장성한 자녀의 모습이 아닙니다. 성숙한 자녀라면 아버지가 무엇을 기뻐하시는지를 알기 때문에 일일이 묻지 않아도 됩니다. 하나님을 기쁘게 해 드리는 일은 하나님과 가까운 관계라면 그리 어렵지 않습니다. 엘리사는 하나님이 적군의 눈을 흐리게 하셨기 때문에 사마리아에 도착하여 다시 그들의 눈을 열게 해 달라고 기도할 때까지는 안심해도 좋다는 것을 확신하고 염려하지 않았습니다. 이것은 무모하거나 주제넘은 것이 아니고 하나님과의 신뢰 관계가 깊기 때문에 거의 당연시되었습니다. 하나님께서는 우리가 이런 믿음으로 하나님을 대하기를 원하십니다.

　　: 원수를 대접하는 것은 고차원의 승리입니다.

　엘리사는 사마리아로 데리고 간 아람군들의 눈이 열려서 자기들이 어디에 있는지를 보게 해 달라고 하나님께 기도하였습니다. 사마리아에 도착할 때까지 한 명의 적군도 시력이 정상으로 돌아와서 소리를 지르거나 도주를 하지 않았습니다. 하나님의 전략은 일호의 오차도 없이 완벽하게 이루어졌습니다. 적들의 운명은 엘리사의 기도에 달려 있었습니다. 엘리사에게는 칼 한 자루도 없었지만 아람군들이 가진 마병과 병거의 힘보다 그의 기도가 더 강력하였습니다. 하나님께서는 엘리사의 기도대로 아람군의 시력을 회복시키셨습니다. 그들의 놀람과 두려움을 상상해 보십시오. 그들은 마치 무엇에 홀린 듯했을 것입니다. 이제 그들은 영락없이 전멸을 당할 처지에 놓였음을 깨닫고 사지에 힘이 빠졌을 것입니다. 그때에 이스라엘의 왕이 엘리사에게 외쳤습니다.

　　"내 아버지여 내가 치리이까 내가 치리이까"(21절).

　이스라엘 왕은 아람군들을 모두 죽일 수 있는 절호의 기회

앞에서 흥분하였습니다. 대승리의 기회가 바로 눈앞에까지 굴러들어왔습니다. 그는 손만 내밀면 자기 것이 될 승리를 놓고 엘리사의 허락을 원했습니다. 본 사건에서 이스라엘 왕이 잘한 것이 있다면 그가 적군의 작전 비밀을 엘리사로부터 통고받고 그에 따라 미리 방비한 것과(9-10절) 지금 사마리아로 들어온 아람 군대를 섬멸하려고 엘리사의 의향을 물은 것입니다. 그에게 크레딧을 더 준다면 엘리사의 만류를 받아들인 것입니다. 엘리사는 아람 군인들을 죽이는 것이 합당하지 않다고 말했습니다.

"칼과 활로 사로잡은 자인들 어찌 치리이까"(22절)라는 말은 전쟁 포로라도 함부로 죽이지 않는 법인데 순순히 제 발로 걸어온 자들을 죽여서는 안 된다는 권고였습니다. 엘리사는 이스라엘 왕에게 오히려 친절을 베풀라고 했습니다.

> "떡과 물을 그들 앞에 두어 먹고 마시게 하고 그들의 주인에게로 돌려보내소서"(22절).

이 말은 매우 달갑게 들리지 않았을 것입니다. 죽이지 않으면 혼이라도 내어서 돌려보내야 한다고 항의했을 법합니다. 그러나 이스라엘 왕은 엘리사의 말대로 잔치를 열어 준 후에 아람 왕에게로 돌아가게 했습니다. 그 결과가 어떤 것이었습니까? "이로부터 아람 군사의 부대가 다시는 이스라엘 땅에 들어오지 못하니라"(23절)고 했습니다.

원수를 대접하면 큰 승리를 체험합니다. 이것이 악을 선으로 멋지게 이기는 방법입니다. 대 승리는 적군을 얼마나 죽이느냐에 있기보다 적군의 마음을 감동하게 해 다시는 침략하지 않게 만드는 것입니다. 많은 인명과 재산의 피해를 주었을 전쟁이 한 사람의 피도 흘리지 않고서 유종의 미를 거두게 된 것이야말로 진정한 승리였습니다.

> "네 원수가 주리거든 먹이고 목마르거든 마시게 하라 그리함으로 네가 숯불을 그 머리에 쌓아 놓으리라 악에게 지지 말고 선으로 악을 이기라"(롬 12:20-21).

본 사건은 관련된 사람들에게 여러 면에서 좋은 교훈을 던져 줍니다.

＊ 우선 아람 왕은 자신의 전략과 군사력이 이스라엘에 '하나님의 사람'이 있는 한, 형통할 수 없다는 것을 알게 되었습니다. 또한 '하나님의 사람'은 군사력으로 잡을 수도 없을 뿐만 아니라 그의 기도가 온 군대의 눈을 닫히게도 하고 열리게도 한다는 것을 인정하지 않을 수 없었습니다. 그렇다고 해서 그가 이스라엘의 여호와 하나님을 경외한 것은 아니지만 적어도 한동안은 이스라엘을 감히 침범할 계획을 세우지 못하였습니다.

＊ 아람 군인들은 평생 처음으로 자신들의 인식 능력을 초월하는 어떤 초자연적인 힘에 의해 적국의 수도에까지 이끌려갔습니다. 그들은 사마리아의 수도에서 살육을 당하는 함정에 빠졌을 때 뜻밖에도 융숭한 대접을 받았습니다. 그리고 본국으로 무사히 돌아가게 하는 전대미문(前代未聞)의 체험을 하였습니다.

＊ 이스라엘 왕은 엘리사의 지시를 따랐기 때문에 자신의 신변이 보호되었고 이스라엘의 위상도 올라갔습니다. 그 역시 이번 일로 우상 숭배에서는 벗어나지 않았지만, 아람 군대를 사마리아 안으로 유도한 엘리사의 지혜와 여호와 하나님의 능력은 인정하지 않을 수 없었습니다.

＊ 엘리사의 시종은 아람군의 포위망을 보고 극도의 공포에 빠졌지만, 천군천사들의 불말과 불병거에 눈이 열리자 아람군의 군사와 병거를 전혀 두려워하지 않게 되었습니다.

＊ 엘리사는 이번처럼 위기일발의 상황에서 하나님의 구출을 경험한 적은 없었습니다. 그는 도단에서 적의 포위를 당했지만 하늘의 불병거와 불말들이 그를 보호하고 있다는 사실을 확신하고 담대할 수 있었습니다. 그는 힘을 얻어 하나님께 기도하였고 하나님의 즉각적인 응답으로 아람군들을 사마리아로 고스란히 데리고 갈 수 있었습니다. 그리고 그는 원수를 후히 대접하게 함으로써 아람 군의 재침을 막는 국가적 차원의 공로를 세웠습니다. 이것은 그가 하나님 나라의 황금률을 실천한 것에 대

한 하나님의 후한 상이었습니다.

하나님을 사랑하며 따르는 자들에게는 살아갈수록 하나님이 주시는 놀라운 은혜의 체험이 증가합니다. 그러나 하나님을 신뢰하지 않는 자들은 살아갈수록 죄를 쌓다가 마침내 하나님의 심판을 받습니다. 엘리사는 우리 모두에게 성도들이 어떤 수준에서 하나님을 신뢰하며 살아야 하는지를 가리키는 화살표입니다. 하나님은 원수들을 간단한 방법으로 제압해 버리십니다. 자신의 능력이나 전략으로 하나님을 대항하려는 시도는 부질없는 낭비입니다. 교만과 자신감에 찼던 아람 왕은 수치를 당하였습니다. 우리의 원수들은 많은 병력과 첨단 무기를 동원할 수 있습니다. 그들은 무척 강해 보입니다. 그래서 우리를 두렵게 합니다. 그러나 "우리와 함께 한 자가 그들과 함께 한 자보다 많다"(16절)는 사실을 기억하면 우리도 엘리사처럼 담대할 수 있을 것입니다. 불말과 불병거는 우리 눈에 보이지 않을지 모릅니다. 그러나 엘리사의 스토리에서 우리는 하나님께서 자기 자녀들을 천군 천사들을 동원해서라도 지키신다는 것을 확신할 수 있습니다.

6장

기근 속에서 체험한 풍요

열왕기하 6:24~7:2

Elisha 엘리사

"이 후에 아람 왕 벤하닷이 그의 온 군대를 모아 올라와
서 사마리아를 에워싸니 성중이 크게 주려서 나귀 머리
하나에 은 팔십 세겔이요 비둘기 똥 사분의 일 갑에 은 다
섯 세겔이라 하니"(왕하 6:24-25).

본문은 "이 후에"로 시작합니다. 아람 군대가 이스라엘을 노
략질하기 위해 시도했다가 크게 낭패를 당했던 사건을 가리킵
니다. 16장 23절은 "아람 군사의 부대가 다시는 이스라엘 땅
에 들어오지 못하니라"는 말로 끝났습니다. 여기까지만 읽으면

아람 군대가 이스라엘 영토를 그 이후에 전혀 침범하지 않았다는 말로 들립니다. 그러나 이것이 잠정적인 현상이었다는 것이 "이 후에 아람 왕 벤하닷이 그의 온 군대를 모아 올라와서 사마리아를 에워싸니…"라는 말에서 확인됩니다. 첫 번째 아람 군대의 침입은 년중 행사에 준하는 국지적인 부대 단위의 약탈이 목적이었습니다. 이런 경우에는 온 군대가 동원되지 않습니다.

그러나 두 번째 침입은 '온 군대'가 동원된 전면전의 성격을 가진 것이었습니다. 아람 왕 벤하닷이 전쟁을 다시 도발한 까닭은 첫 번째 약탈 때에 수모를 당했기 때문일 것입니다. 그 때 아람 군대는 눈 뜬 시각장애인처럼 엘리사를 잡는다고 하면서도 엘리사를 못 알아보고 오히려 엘리사의 안내까지 받으면서 사마리아로 유인되었습니다. 엘리사가 "여호와여 이 무리의 눈을 열어서 보게 하옵소서"(왕상 6:20)라고 기도했을 때 비로소 그들은 자신들이 사마리아 한가운데 와 있다는 사실을 깨닫고 당황하지 않을 수 없었습니다. 그들은 독 안에 든 쥐나 마찬가지였습니다. 그런데 엘리사는 이스라엘 왕이 그들을 치려는 것을 만류하고 그들을 위해 큰 잔치를 열게 한 후에 되돌려 보냈습니다.

이 사건은 이스라엘 입장에서는 두고두고 웃음거리가 되었을 것이고, 아람국의 입장에서는 수치스럽기 그지없었을 것입니다. 그래서 아람 왕은 보복의 기회를 노리다가 재침하여 사마리아를 포위하고 성 중의 양식이 떨어질 때를 기다렸습니다. 사마리아 수도는 아람군에 의해 완전히 에워싸여 왕래할 수 없었기 때문에 극심한 식량난에 부딪혔습니다. 본문은 이러한 난국에서 하나님이 어떻게 이스라엘을 구조하시는지를 진술합니다.

: 언약 백성의 참상은 누구의 탓일까요?

사마리아에는 율법에서 부정한 동물로 금지된 나귀 머리가 고가에 팔렸고, 비둘기 똥까지 비싼 값에 거래되었습니다. 평소에는 아무도 원치 않았을 나귀 머리와 비둘기 똥이 서로 다투어 원하는 식품이 되었다는 것은 다른 음식이 동이 났다는 뜻입니다. 이런 상황에서 영양실조와 굶어 죽는 사람들이 부지기수였을 것입니다. 얼마나 비참한 형편이었는지는 다음 장면에서 서술됩니다.

이스라엘의 왕이 성벽 위를 지나갈 때 한 여인이 도움을 구하며 외쳤습니다. 왕의 대답은 절망적입니다.

"왕이 이르되 여호와께서 너를 돕지 아니하시면 내가 무엇으로 너를 도우랴 타작 마당으로 말미암아 하겠느냐 포도주 틀로 말미암아 하겠느냐 하니라"(27절).

왕의 대답은 양식이 나올 곳이 없다는 말이었습니다. 그래서 그는 "여호와께서 너를 돕지 아니하시면 내가 무엇으로 너를 도우랴"고 하였습니다. 사람이 도울 수 있는 자원이 바닥이 났으니 여호와께서 도우셔야 한다는 말은 자신의 책임을 회피하는 편리한 종교적 표현에 불과합니다. 왕이 속수무책이라면 누가 백성을 도운단 말입니까? 아무도 도울 자가 없는 상황이었습니다. 그런데 그다음 대화는 끔찍하기 말할 수 없습니다.

> "또 이르되 무슨 일이냐 하니 여인이 대답하되 이 여인이 내게 이르기를 네 아들을 내놓아라 우리가 오늘 먹고 내일은 내 아들을 먹자 하매 우리가 드디어 내 아들을 삶아 먹었더니 이튿날에 내가 그 여인에게 이르되 네 아들을 내놓아라 우리가 먹으리라 하나 그가 그의 아들을 숨겼나이다 하는지라"(28-29절).

이 말은 다른 여인의 숨긴 아들을 이제 잡아먹도록 왕이 판결해 달라는 호소였습니다. 다른 사람의 인육을 먹는 것도 끔찍하거늘 자기 자식을 죽여서 삶아 먹었다는 것은 인간이 행할 수 있는 최악의 악행입니다. 어찌 이런 일이 언약 백성 사이에서 일어날 수 있단 말입니까? 인간은 사실상 이 세상에서 못 할 짓이 없습니다. 어떤 종류의 비행(非行)도 저지를 수 있는 것이 인간입니다. 역사적으로 온갖 만행이 자행됐습니다. 옛날에는 아프리카에 식인종이 있기도 했습니다. 그러나 이것은 식량이 부족해서가 아니고 일종의 전쟁 풍습이었습니다.

일반 역사나 성경 역사에서도 전쟁이나 자연재해로 인한 극심한 기근 때문에 인육을 팔거나 먹는 일은 여러 번 있었습니다 (애 2:20; 4:10; 겔 5:10). 율법에서는 이스라엘 백성이 하나님과의 명령을 끝까지 준행하지 않고 언약을 배반하면 이런 비인간적인 참극이 일어날 것이라고 경고하였습니다.

> "네가 적군에게 에워싸이고 맹렬한 공격을 받아 곤란을 당하므로 네 하나님 여호와께서 네게 주신 자녀 곧 네 몸의 소생의 살을 먹을 것이라"(신 28:53, 57; 비교. 레 26:29).

하나님은 자신과 언약을 맺은 이스라엘 백성에게 전적으로 투신하셨습니다. 그들에게 복을 내리시는 일에서만 아니라 그들을 바로잡기 위해 벌을 내리시는 일에서도 전적으로 헌신하셨습니다. 그래서 하나님의 언약서에는 복과 저주의 항목이 뚜렷이 명시되었습니다(신 27–30장). 하나님을 순종하면 복을 받지만 불순종하면 저주를 받는다는 것이 율법의 원칙입니다. 하나님께서는 선지자들을 통해서 이스라엘 백성에게 거듭 경고하시며 하나님을 순복하라고 가르치셨습니다. 그러나 그들이 줄곧 우상숭배와 완고한 마음으로부터 돌이키지 않자 보호의 손을 거두셨습니다. 아람 왕 벤하닷은 이스라엘을 보복하기 위해 자의로 침공했지만, 하나님께서는 그를 이스라엘 백성을 징벌하는 막대기로 사용하셨습니다.

하나님께서는 지금도 자기 백성에게 여전히 복이 아니면 저주를 내리십니다. "생명과 복"이 아니면 "사망과 화"(신 30:15)가 하나님의 손에 있습니다. 하나님을 사랑하지 않고 복음의 가르침을 배반하는 백성의 양식은 부정한 '나귀 머리'와 '비둘기 똥'입니다(25절). 오늘날의 많은 교회가 물질주의와 세속적 성공주의로 부패하였습니다. 부정한 음식들이 강단에서 배식되고 있습니다. 하나님의 사람들을 찾아보기가 힘듭니다. 그 까닭은 하나님께서 축복의 손을 교회로부터 거두시고 영적 기근을 허락하셨기 때문입니다.

우리는 자기 자식을 잡아먹는 끔찍한 짓은 하지 않을 것입니다. 그러나 하나님의 몸인 교회를 찢고 깨뜨리며 파괴하는 짓은 다반사로 행하고 있습니다. 미디어에서 걸핏하면 교회의 부패를 보도하지만, 가슴을 찢는 회개 운동은 일어나지 않습니다. 미디어가 반기독교적이라고 일축할 것이 아니라 잘못된 것은 잘못되었다고 인정하고 회개하는 것이 교회의 마땅한 도리입니다. 세상은 교회가 분명 썩었는데도 회개하지 않기 때문에 더

미워합니다.

하나님께서는 아람 군대를 사용하여 이스라엘을 치게 하셨습니다. 그 결과 무서운 기근이 왔고 소름 끼치는 일들이 일어났습니다. 이런 일들은 우리에게 경고가 되어야 합니다.

"그들에게 일어난 이런 일은 본보기가 되고 또한 말세를 만난 우리를 깨우치기 위하여 기록되었느니라"(고전 10:11).

ː이스라엘 왕은 회개가 없는 베옷을 입고 있었습니다.

"왕이 그 여인의 말을 듣고 자기 옷을 찢으니라 그가 성 위로 지나갈 때에 백성이 본즉 그의 속살에 굵은 베를 입었더라"(30절).

이스라엘의 베옷은 염소 털로 만든 것이어서 살에 닿으면 매우 불편하였습니다. 이것은 슬픔과 참회의 상징입니다. 입은 옷을 찢는 것도 마음의 극심한 감정을 표출하는 행동입니다. 그런데 이스라엘 왕이 자기 아들을 삶아 먹은 여인의 호소를 듣고 보인 반응은 그가 입은 베옷이나 자기가 찢은 옷의 의미와 상반

된 것이었습니다. 그가 무엇이라고 말했습니까?

> "왕이 이르되 사밧의 아들 엘리사의 머리가 오늘 그 몸에
> 붙어 있으면 하나님이 내게 벌 위에 벌을 내리실지로다
> 하니라"(31절).

이스라엘 왕이 왜 베옷을 입었습니까? 국가적 재난을 당하여 어떻게 할 수 없는 절급한 때에 하나님 앞에서 자신을 낮추고 참회한다는 뜻이 아닙니까? 그는 왕이었기에 백성을 대표하였습니다. 왕이 백성의 고통을 한몸에 안고 하나님께 사죄하며 자비를 비는 때였습니다. 베옷은 상징입니다. 실체가 없으면 상징은 빈 통에 불과합니다. 자기 옷을 찢었어도 마음을 찢지 않으면 옷 한 벌 버린 것에 불과합니다. 하나님 앞에서 행하는 가장 강도 높은 종교적 표현일지라도 상징의 참뜻이 마음으로부터 우러나오지 않으면 하나님께서 받지 않으십니다. 오히려 하나님은 그런 내용 없는 형식과 위선을 기만으로 보시고 얼굴을 돌리십니다.

형식적인 경건의 모습으로 사람들의 눈을 속이기는 어렵지 않습니다. 베옷을 입은 왕은 동정과 존경을 받습니다. 사람들은 베옷의 진실에는 관심을 두지 않습니다. 그래서 상징적이거나 종교적인 행위로 자신의 위장된 헌신을 드러내며 거룩한 척할

수 있습니다. 문제는 하나님께서 사람의 마음속을 보신다는 사실입니다.

> "만물보다 거짓되고 심히 부패한 것은 마음이라 누가 능히 이를 알리요마는 나 여호와는 심장을 살피며 폐부를 시험하고 각각 그의 행위와 그의 행실대로 보응하나니"(렘 17:9-10).

하나님께서는 이스라엘 왕의 마음속을 시험하셨습니다. 그랬더니 그의 마음속에 있는 것이 드러났습니다. 그가 쓴 종교적 가면 뒤에는 하나님에 대한 증오와 엘리사 선지자에 대한 적개심이 끓고 있었습니다(27절, 31). 그는 이스라엘 땅에서 자식을 잡아먹는 일이 일어난 것은 하나님이 돕지 아니하셨기 때문이므로 왕이라도 손을 쓸 수 없다는 식이었습니다(27절). 그리고 하나님의 뜻을 전달하는 엘리사가 마땅히 벌을 받아야 한다는 것이 그의 주장이었습니다. 결국 하나님이 이스라엘의 참상의 원인 제공자라는 말입니다. 그래서 그는 하나님에 대한 적개심을 하나님의 선지자를 죽임으로써 드러내려고 하였습니다. 그는 아마 과거에 엘리사 선지자가 아람 부대를 사마리아 성안에까지 유인해 오고서도 죽이지 못하게 했기 때문에(6:21-22) 지금의 재앙을 초래했다고 믿었을 것입니다. 아무튼, 그는 엘리사를 죽이라고 명령하였습니다.

그렇다면 베옷은 도대체 무엇 때문에 입은 것일까요? 하나님 앞에서 참회하며 겸비한 자태로 자비를 구하려는 것이 아니었음이 분명합니다. 그는 백성 앞에서 자신의 경건을 보여주려고 성벽 위로 걸어 다녔는지 모릅니다. 그는 엘리사 선지자를 죽이겠다고 맹세하였습니다. 하나님의 사람인 엘리사를 모든 재앙의 원인이라고 낙인을 찍고 그를 제거하겠다는 것은 자기가 져야 할 책임을 덮어씌우려는 것이었습니다. 그런데 베옷을 입은 이스라엘 왕의 마음에서는 참회의 눈물은커녕 살해의 악념만 흘러넘쳤습니다. 그는 문제의 원인을 보지 못하고 현재의 재난이 하나님과 그의 선지자 때문이라고 밀어붙였습니다. 그는 자신이 이 모든 재앙의 일차적인 원인 제공자였음을 인정하지도 않았고 깨닫지도 못하였습니다.

당시의 이스라엘 왕은 아합 왕의 아들인 요람이었습니다(왕하 1:17; 9:16). 엘리사는 요람이 자기의 목을 베려고 자객들을 보냈다면서 그를 "살인한 자의 아들"(32절)이라고 불렀습니다. 그는 악명 높은 이세벨 왕비와 함께 하나님의 사람들을 살해했던 아합의 아들로 불리기에(왕하 3:1) 손색이 없었습니다. 그가 다스리던 때에 백성이 자기 자식을 삶아 먹는 저주가 내렸습니다. 그는 우상 숭배에서 벗어나지 않았고 하나님의 명령을 따르지 않았습니다. 이제 그는 엘리사에게 모든 잘못을 돌리고 그를 처형시키려고 하였습니다.

아합 왕가는 망하였지만 아합의 정신적 후손들은 남아 있습니다. 요람이 베옷을 입은 상태에서 엘리사를 죽이려고 했듯이, 훗날 이스라엘의 종교 지도자들은 유월절은 지키면서 예수님은 빌라도에게 넘겨 주었습니다. 그들은 하나님을 대항하는 아합 왕가의 후손들이며 요람의 아들들입니다. 이들의 후손은 지금도 경건의 모습으로 위장하고 하나님의 백성과 교회 위에 군림합니다.

우리는 하나님께서 사람을 외모로 판단하지 않으신다는 것을 늘 숙지할 필요가 있습니다. 하나님을 섬기는 시발점은 우리의 마음입니다. 마음은 인격체의 중심입니다. 그래서 하나님께서는 마음의 동기와 상태를 살피십니다. 베옷만 입었다고 해서 하나님께서 우리를 그냥 받아주시지 않습니다. 회개와 겸비의 마음이 있으면 베옷은 입지 않아도 됩니다. 주님은 바리새인들처럼 남에게 보이려고 과시하거나 자신의 경건을 의도적으로 드러내는 일을 경고하셨습니다(마 6:1-7).

: 하나님의 메시지를 가지면
  두려워하지 않습니다.

"그 때에 엘리사가 그의 집에 앉아 있고 장로들이 그와 함께 앉아 있는데 왕이 자기 처소에서 사람을 보냈더니 그 사자가 이르기 전에 엘리사가 장로들에게 이르되 너희는 이 살인한 자의 아들이 내 머리를 베려고 사람을 보내는 것을 보느냐 너희는 보다가 사자가 오거든 문을 닫고 문 안에 들이지 말라 그의 주인의 발소리가 그의 뒤에서 나지 아니하느냐 하고"(32절).

장로들은 사마리아 성의 지도자들이었습니다. 이들은 국가 위기를 당하여 왕과 함께 있기보다 엘리사 선지자 곁에 있었습니다. 이들이 왕을 떠나 엘리사에게로 온 것은 요람에게서 선한 것이 나올 것이 없다고 판단했기 때문입니다. 그런데 일부 해석에 따르면 장로들은 엘리사가 요람 왕을 무서워하여 숨어 있기 때문에 그를 보호하기 위해 왔다고 봅니다.

"본 장의 마지막은 진노한 왕을 피해 성의 '장로들'에 의해서 보호되는 문 뒤에 엘리사가 숨는 것으로 끝난 다"(Word Biblical Commentary, 열왕기하 202쪽).

이것은 표피적인 관찰입니다. 장로들은 엘리사 선지자를 보호하기 위해서 온 사람들이 아니고, 오히려 엘리사와 함께 있음으로써 자신들이 보호를 받으려고 하였습니다. 장로들은 호위

병들을 데리고 온 것도 아니고 자신들의 힘으로 엘리사를 보호할 능력도 없었습니다. 겁을 먹고 숨은 것은 엘리사 선지자가 아니고 장로들이었습니다. 엘리사는 이미 하나님의 도우심이 올 것을 예기했다고 보아야 합니다. 처음에 아람군에게 포위되었을 때에도 그는 두려워하지 않았습니다. 하나님으로부터 받은 계시가 있었기 때문입니다. 그때 그는 두려워하는 시종에게 "우리와 함께 한 자가 그들과 함께 한 자보다 많으니라"(6:16)고 하였습니다.

이번에도 그는 하나님으로부터 받은 메시지가 있었습니다. 그래서 그는 도망칠 필요가 없었습니다. 그가 머문 처소는 비밀 장소가 아니고 장로들도 다 알고 있는 곳이었습니다. 그렇다면 엘리사가 왕이 두려워서 숨었다고 보거나 장로들이 그를 보호하기 위해서 왔다고 해석하는 것은 하나님의 섭리를 따라 움직이고 있는 엘리사 선지자의 용태를 오해한 것입니다.

엘리사 선지자는 요람 왕이 자기를 죽이려고 전령을 보낸 것도 이미 알았고 또한 요람 왕이 그의 전령을 뒤따라 오는 발자국 소리까지 듣고 있었습니다. 그가 정말 두려웠다면 이때 왜 도망치지 않았겠습니까? 그 이유는 하나님께서 이스라엘을 구출하실 것이라는 계시의 말씀을 가지고 있었기 때문입니다.

엘리사 선지자는 장로들에게 전령이 집 안으로 들어오지 못하도록 문을 걸어 잠그라고 지시하였습니다. 이것은 엘리사가 두려워서 행한 궁여지책이 아닙니다. 문을 단단히 잠근 일에서 우리는 한 가지 교훈을 배울 수 있습니다. 우리는 하나님의 보호를 초자연적인 개입에 의한 것으로만 기대하는 습성이 있습니다. 아람 군이 엘리사가 머물던 도단 성읍을 포위하고 그에게 접근했을 때 하나님께서는 그들의 눈을 어둡게 하여 엘리사를 못 알아보게 하셨습니다. 아람 군들은 엘리사가 나타나서 그들을 인도하겠다고 했을 때 전혀 그를 의심하지 않고 사마리아까지 따라갔습니다(왕하 6:18-19). 그렇다면 이번에도 그와 같은 기적으로 엘리사를 보호하셔야 하지 않을까요? 물론 하나님께서는 그렇게 하실 수 있습니다. 그러나 하나님은 우리가 항상 기적만 바라면서 살기를 원하시지 않습니다. 하나님의 사람 중에서 기적으로만 산 사람은 아무도 없습니다. 예수님마저도 기적으로 사시지 않고 대부분의 삶을 정상적인 방식으로 사셨습니다.

성경 말씀과 어긋나지 않는 건전한 상식도 하나님의 인도와 보호에 포함됩니다. 엘리사가 장로들에게 문을 잠그라고 한 것은 상식적인 판단에 의한 결정이었습니다. 한 주석에서는 문을 닫은 것을 선지자의 체면을 구기는 불명예스러운 궁여지책으로 봅니다.

"이번에는 비밀스럽게 이루어지는 기적들에 관한 것이

아니고, 성읍의 장로들이 왕의 진노로부터 선지자를 구하되 불명예스럽게 구하는 것을 나타내는 것이다. 이러한 태도는 사건을 둘러싸고 있는 정황의 비극적인 상태를 나타내는 것이 아니라면 희극적인 면이 드러나 보일 수 있는 행위다"(Word Biblical Commentary, 열왕기하 200쪽).

이것은 하나님의 보호 방식에는 상식적인 측면도 포함된다는 것을 비껴가는 해석입니다. 하나님께서는 기적보다 보통 방법을 사용하실 때가 더 많습니다. 하나님께서는 요람의 전령은 대문이 잠겨서 문 안으로 못 들어오게 하셨고, 엘리사를 죽이겠다고 맹세했던 요람 왕의 마음은 하나님의 주권적인 섭리로 바뀌게 하셨습니다. 초자연적인 기적이 있어야만 선지자의 체면이 서는 것이 아닙니다. 상식적인 상황 판단에서 나오는 행위는 비겁한 것도 아니고 불명예스러운 것도 아닙니다.

예수님의 경우를 생각해 보십시오. 예수님은 다른 사람들을 위해서 많은 기적을 행하셨습니다. 그러나 예수님은 헤롯과 종교 지도자들의 위협에서 벗어나려고 초자연적인 기적을 통해서 자신을 보호하시지 않았습니다. 주님은 이방인 지역인 두로와 데가볼리와 시돈 땅으로 피신하심으로써 위기를 넘기셨습니다 (막 7:24, 31). 예수님은 헤롯이나 바리새인들과의 정면충돌로 복음의 진행을 방해받기보다는 상식적인 판단으로 간단하게 원수들의 위협을 피하시는 방법을 택하셨습니다.

사도 바울도 많은 기적을 행하였습니다. 그런데 그가 기독교로 개종하자 유대인들은 그를 배신자로 보고 죽이기로 작정하여 다메섹 성문을 밤낮으로 지켰습니다(행 9:19-24). 그래서 다메섹의 제자들이 그를 밤에 광주리에 담아 성벽에서 달아 내렸습니다(행 9:24). 이것은 불명예스러운 도주가 아니고 다음 단계의 복음 사역을 위한 믿음의 표현이었습니다.

하나님의 특별한 지시가 없는 한, 건전한 상식으로 판단하는 것은 흔히 하나님의 일을 진일보시키는 계기가 됩니다. 엘리사는 문을 걸어 잠금으로써 안전할 수 있었고 왕에게 하나님의 구출 메시지를 전달할 수 있었습니다. 바울처럼 상황적으로 불가피한 경우에 광주리를 타고 도망쳤다고 해서 하나님의 일을 욕되게 하는 것이 아닙니다. 사람들의 눈에는 그런 행동이 품위가 없고 비겁해 보일지 몰라도, 하나님께서 우리가 사용하기를 기대하시는 정상적이고 상식적인 인도입니다.

요람 왕은 엘리사를 보자 "이 재앙이 여호와께로부터 나왔으니 어찌 더 여호와를 기다리리요"(33절) 라고 말했습니다. 엘리사 선지자를 죽이겠다고 맹세했던 왕이 이제는 엘리사에게 넋두리를 하며 절박한 심정을 토로합니다. 그는 포기하지 않을 수 없는 상황이 되었지만 어쩌면 희미한 소망의 끈을 붙들고 있없는지 모릅니다. 그는 하나님을 원망하고 엘리사의 목을 베려고 했던 사악한 왕이었습니다. 그렇다면 그에게는 천벌이 내려야 마땅합니다. 더구나 그는 이 재앙이 여호와의 심판임을 알면서도 회개하지 않았습니다. 그는 더는 여호와를 기다릴 수 없다고 하였습니다(6:33). 이것은 이상한 반응입니다. 재앙이 여호와가 보내신 것이었다면 여호와께로 돌아가서 회개하고 자비를 구했어야 할 터인데 이제 포기하겠다는 식이었습니다.

그래도 하나님께서는 왕을 심판하지 아니하시고 엘리사를 통해 구원의 메시지를 주셨습니다. 인간의 절망적인 상태는 종종 하나님의 넘치는 은혜가 부어지는 시간입니다(고후 1:9-10). 하나님께서는 자기 백성도 심판하십니다. 그러나 다시 불쌍히 여기시고 구원해 주십니다. 심판과 회복은 하나님께서 자기 백성을 다루시는 패턴입니다.

> "그들이 기진맥진하고, 갇힌 사람도 놓인 사람도 하나도 남지 않았을 때, 주님께서는 당신의 백성을 심판하시고 당신의 종들을 불쌍히 여기실 것이다"(신 32:36, 새번역).

하나님은 우리가 기대하는 것보다 훨씬 더 자애로우신 분입니다. 엘리사가 왕에게 전한 말을 들어보십시오.

"여호와의 말씀을 들을지어다 여호와께서 이르시되 내일 이맘때에 사마리아 성문에서 고운 밀가루 한 스아를 한 세겔로 매매하고 보리 두 스아를 한 세겔로 매매하리라 하셨느니라"(7:1).

이것은 분명 심판의 선포가 아니고 꿈같은 구출 소식입니다. 그것도 불과 24시간 안에 일어날 일입니다. 하룻밤만 지나면 곡물 가격이 급락하고 모든 것이 정상화된다는 예보입니다. 사마리아 백성은 기근 속에서 풍요를 체험할 것입니다. 하나님께서는 다시 한번 이스라엘의 왕과 백성에게 자비를 베푸실 것이었습니다. 그런데 아직은 하나님께서 어떤 방법으로 기근을 해결하시고 풍부한 물자를 공급하실 것인지를 알리시지 않았습니다. 이런 상황에서 하나님의 약속을 신뢰하는 자와 불신하는 자의 구별이 생깁니다. 엘리사와 그의 곁에 있던 장로들은 물론 믿었습니다. 요람 왕도 엘리사를 죽이지 않은 것으로 보아 그의 말을 일단 받아들인 듯합니다. 그런데 유독 한 사람만 믿지 않았습니다.

"그 때에 왕이 그의 손에 의지하는 자 곧 한 장관이 하나님의 사람에게 대답하여 이르되 여호와께서 하늘에 창을 내신들 어찌 이 일이 있으리요 하더라"(7:2 상반절).

이스라엘 백성은 과거에 광야에서 하늘로부터 내려오는 만나를 먹고 40년 동안 살았습니다. 그때 하나님께서는 하늘을 여셨습니다. 그 후 말라기서에서 하나님의 것을 도둑질하는 이스라엘 백성에게 "나를 시험하여 내가 하늘 문을 열고 너희에게 복을 쌓을 곳이 없도록 붓지 아니하나 보라"(말 3:10)고 하셨습니다. 아무것도 없던 빈 사막에서 만나를 비 오듯 내려주셨던 이스라엘의 하나님은 기근 중에서도 넘치는 풍요를 체험하게 하시는 전능하시고 자비하신 분입니다. 그러나 요람 왕의 장관은 감사하며 즐거워해야 할 복된 소식을 듣고서도 하나님을 전적으로 무시하고 냉소하였습니다. 그는 하나님께서 하늘 창고를 다 여신다고 하여도 그런 일이 일어날 수 없다고 단언하며 엘리사의 메시지를 일축하였습니다.

엘리사가 어떻게 하였습니까? 그 장관의 말을 그냥 지나치지 않았습니다. 하나님은 자신의 메시지를 듣고서 사람들이 보이는 반응에 민감하십니다. 하나님께서는 엘리사의 입을 통해 심판을 선포하셨습니다.

"엘리사가 이르되 네가 네 눈으로 보리라 그러나 그것을 먹지는 못하리라"(7:2 후반절).

이 선언은 빈말이 아니었습니다. 본 스토리의 마지막 부분에 가서 그가 어떻게 심판을 받았는지가 명시될 것입니다(7:16-20). 하나님께서 가장 싫어하시는 것은 아무도 도울 수 없는 상황에서 들려주시는 자비의 복음을 배척하고 멸시하는 것입니다. 하나님은 이스라엘을 정복하기 위해 전군을 소집한 아람 군대와 그들의 포위로 초래된 대규모의 아사 상태에서 극적인 구출을 선포하셨습니다. 하나님께서는 약속을 지키십니다.

하나님께서 우리에게 원하시는 것은 자비와 회복의 메시지를 믿으라는 것입니다. 하늘의 창고 문은 다시 열릴 수 있습니다. 그러나 하나님의 능력과 약속을 믿는 자들에게만 그 혜택이 돌아갑니다. 요람 왕의 장군처럼 보아도 먹지 못하는 사람이 되지 마십시오. 믿음이 없어 하나님을 불신하고 하나님께서 주시는 풍요의 축복들을 체험하지 못하는 어리석음을 더 이상 반복하지 마십시오. 하나님께서 부어주시려고 했던 축복들을 불신으로 밀어낸 과거가 있다면 지금 회개하십시오. 그리고 기근 속에서 선포하시는 하나님의 풍요의 약속들을 믿는다고 고백하십시오. 그러면 기근 속에서 풍요를 체험하게 될 것입니다.

7장

낮은 자들을 위한 복음

열왕기하 7:3~20

Elisha 엘리사

"성문 어귀에 나병 환자 네 사람이 있더니 그 친구에게 서로 말하되 우리가 어찌하여 여기 앉아서 죽기를 기다리랴 만일 우리가 성읍으로 가자고 말한다면 성읍에는 굶주림이 있으니 우리가 거기서 죽을 것이요 만일 우리가 여기서 머무르면 역시 우리가 죽을 것이라 그런즉 우리가 가서 아람 군대에게 항복하자 그들이 우리를 살려 두면 살 것이요 우리를 죽이면 죽을 것이라 하고"(7:3-4)

하나님의 생각은 인간의 생각과 다르고 높다고 했습니다(이

사야 55:8-9). 본 에피소드는 사회 밑바닥 계층의 사람들이 하나님의 구원 활동에서 얼마나 결정적으로 중요한 역할을 하는지를 입증합니다(비교. 삿 16:26; 왕상 5:2-4; 5:13-14).

: 하나님께서는 큰일을 위해 종종 낮은 자들을 사용하십니다.

엘리사 선지자는 이스라엘 왕에게 하룻밤이 지나면 식품이 남아돌고 가격이 크게 떨어질 것이라고 예고했습니다. 사마리아 도성이 포위되어 자식까지 삶아 먹는 극한 상황에서 엘리사의 말은 현실에 눈을 감은 환상적 백일몽으로 들렸을 것입니다. 그런데 장면이 바뀌면서 갑자기 네 명의 나병 환자가 등장합니다. 나병 환자들은 율법에서 부정하다고 하였고 다른 사람들이 부정을 타지 않도록 자신들의 위치를 알림으로써 타인의 접근을 경계해야 했습니다.

"나병 환자는 옷을 찢고 머리를 풀며 윗입술을 가리고 외치기를 부정하다 부정하다 할 것이요 병 있는 날 동안은 늘 부정할 것이라 그가 부정한즉 혼자 살되 진영 밖에서 살지니라"(레 13:45).

국가 존립의 중대 위기에서 혐오의 대상인 나병 환자들이 한 명도 아니고 네 명씩 등장하는 까닭이 무엇일까요? 이것은 너무도 뜻밖의 일입니다. 엘리사가 예고한 대로 사마리아의 성문에서 저렴한 식품이 판매되는 것과 나병 환자들과 무슨 상관이 있겠습니까? 사마리아 성문 어귀에는 양식이 들어오기보다 네 명의 나병 환자들이 자리를 잡고 있었습니다. 이들은 성안으로 들어갈 수 없었습니다. 이들은 나병 환자들이었기에 자선에 의존해서 살아야 했습니다. 그러나 기근으로 날마다 사람들이 죽어가는 때에 그들에게 먹을 것을 건네줄 자가 있을 리 만무합니다. 그들은 스스로 먹거리를 찾아야 했습니다. 그래서 짜낸 아이디어가 차라리 아람 군에 항복하자는 것이었습니다. 에스더 왕비의 유명한 말처럼 "죽으면 죽으리이다"(에스더 4:16)라는 각오로 아람 진영으로 향했습니다. 이들의 담대한 행동은 뜻하지 않았던 놀라운 발견으로 이어졌습니다.

> "아람 진으로 가려 하여 해 질 무렵에 일어나 아람 진영 끝에 이르러서 본즉 그 곳에 한 사람도 없으니"(7:5).

아마 아람 진영에 도착한 네 명의 나병 환자들은 자기들의 눈을 의심했을 것입니다. 사마리아에 식량이 다 떨어지도록 에워싸고 있던 아람 군의 진영에 한 명의 군사도 보이지 않았습니다. 더구나 진영을 그대로 두고 황급히 떠난 흔적이 역력했습니다. 어떻게 이런 일이 생길 수 있는 것일까요? 6절을 보십시오. 이 모든 일이 하나님께서 주관하셨다고 증언합니다.

> "이는 주께서 아람 군대로 병거 소리와 말소리와 큰 군대의 소리를 듣게 하셨으므로 아람 사람이 서로 말하기를 이스라엘 왕이 우리를 치려 하여 헷 사람의 왕들과 애굽 왕들에게 값을 주고 그들을 우리에게 오게 하였다 하고"(7:6).

아람 군을 공포에 질리게 한 것은 실제로 헷 나라와 애굽 군대의 출동 때문이 아니고 하나님께서 그들의 귀에 대규모 외국 용병들의 진격 소리가 들리게 했기 때문이었습니다. 하나님께서는 전에 아람 부대가 이스라엘을 침입했을 때 그들의 눈을 어둡게 하여 위치를 식별하지 못하게 함으로써 엘리사의 함정에 빠지게 했습니다. 그런데 이제는 아람 군의 귀에 오지도 않은 적군의 돌격 소리가 들리게 함으로써 황급한 철수를 하게 하셨습니다. 이번에도 아람 군은 활이나 칼을 전혀 사용해 보지도 못하고 철수하였습니다. 하나님은 단지 적군들의 눈과 귀를 원하시는 대로 통제하심으로써 그들의 진영을 풍비박산이 나게 하셨습니다. 인간은 무기를 믿지만, 하나님은 인간의 신체 기능을 한순간에 마비시키거나 교란하고 전쟁 무기를 무용지물이 되게 하십니다. 아무리 신무기가 있어도 이를 사용하는 인간의 마음이 공포에 질리면 다 버리고 도망치게 됩니다.

엘리사 선지자에게 24시간 이내에 기근이 끝나고 식량이 넘칠 것이라고 예고하신 것은 아무도 믿을 수 없는 말이었습니다. 인간은 자신의 눈과 귀를 믿습니다. 그러나 하나님께서는 인간의 눈과 귀가 하나님의 목적 성취를 위해 착각을 일으키게 하심으로써 넘치는 식량이 공급되게 하셨습니다. 아람 군의 귀에 들린 "병거 소리와 말소리와 큰 군대의 소리"(7:6)는 그들을 공포의 도가니로 몰아넣었고 모든 물자를 고스란히 남겨 둔 채 급히 퇴각하게 하였습니다.

하나님께서 얼마나 절묘하게 모든 이벤트를 주관하시는지를 확인할 수 있는 또 다른 측면이 있습니다. 다음 두 구절을 비교해 보십시오.

"아람 진으로 가려 하여 해 질 무렵에 일어나 아람 진영 끝에 이르러서 본즉 그 곳에 한 사람도 없으니"(7:5)

"해 질 무렵에 일어나서 도망하되 그 장막과 말과 나귀를

버리고 진영을 그대로 두고 목숨을 위하여 도망하였음이
라"(7:7)

네 명의 나병 환자들이 언제 일어나 아람 진영으로 갔습니
까? "해 질 무렵"(5절)이었습니다. 아람 군이 언제 일어나 도망
쳤습니까? "해 질 무렵"(7절)이었습니다! 나병 환자들이 아람 진
영으로 가려고 일어났을 때는 아람 군인들이 도망치려고 일어
난 때와 정확하게 일치합니다. 같은 날 같은 시각에 한 편에서
는 출발하기 시작하였고, 다른 편에서는 떠나기 시작하였습니
다. 그 결과는 무엇입니까? 네 명의 나병 환자들이 아람 진영에
왔을 때는 한 명의 적군도 남아 있지 않고 완전히 퇴각한 후였
습니다. 만약 나병 환자들이 '해 질 무렵'이 아니고 좀 더 이른
오후에라도 출발했다면 아람 군의 손에 붙잡혔을 것입니다. 또
한 아람 군이 '해 질 무렵'보다 좀 더 늦게 떠났더라도 분명 나
병 환자들이 사로잡혔을 것이고 그들을 통해 사마리아의 절박
한 상황에 대한 정보가 노출되었을 것입니다. 만일 이스라엘 왕
이 항복 직전이라는 사실을 아람 군이 알았더라면 전황은 달라
졌을 것입니다. 그러나 양편에서 '해 질 무렵'에 정확하게 떠났
기에 완벽한 시나리오가 만들어졌습니다. 하나님의 주권적인
섭리의 타이밍은 아무도 막지 못합니다. 하나님은 시간과 상황
의 주인이십니다. 하나님은 인간의 눈과 귀에 불가능처럼 보여

도 모든 이론과 예상을 뒤엎고 말씀하신 대로 목적을 성취하십니다.

하나님은 자주 인간의 생각과 가치관을 넘어 활동하십니다. 나병 환자들을 통해서 엘리사에게 주셨던 구출 계획이 사마리아 수도에 알려질 것을 누가 짐작이라도 할 수 있었겠습니까? 나병 환자들은 본능적으로 방치된 장막을 다니면서 실컷 먹고 마시고 은금과 의복 등을 꺼내 감추었습니다. 만약 이들이 여기서 그쳤다면 어떻게 되었을까요? 사마리아의 주민들은 계속 굶어 죽었을 것이고 엘리사가 요람 왕에게 전한 구출 메시지는 성취되지 못했을 것입니다. 요람 왕은 분명 엘리사를 속였다고 해서 죽였을 것입니다. 그러나 하나님은 이 일에 조금도 오차가 없게 하셨습니다. 아람 군인들의 마음을 공포에 질리게 하셨던 하나님은 나병 환자들의 마음에 형벌의 두려움이 일어나게 하셨습니다.

"나병 환자들이 그 친구에게 서로 말하되 우리가 이렇게 해서는 아니되겠도다 오늘은 아름다운 소식이 있는 날이거늘 우리가 침묵하고 있도다 만일 밝은 아침까지 기다리면 벌이 우리에게 미칠지니 이제 떠나 왕궁에 가서 알리자 하고"(7:9)

하나님께서 나병 환자들의 마음을 움직이셨기에 사마리아에 이 경이로운 좋은 소식이 알려졌습니다. 하나님은 계획하시고 이루십니다. 그런데 종종 하나님께서는 낮고 천한 자들을 사용하여 구속의 드라마에 결정적인 역할을 맡게 하십니다.

: 하나님의 말씀을 멸시하는 자는
천벌을 받습니다.

나병 환자들이 가져온 뉴스는 믿기에는 너무 좋은 소식이었을 것입니다. 어쩌면 너무 황당하여 믿을 수 없었을지 모릅니다. 요람 왕은 이 좋은 소식이 사실은 적군의 함정이라고 주장하였습니다.

> "…그들이 우리가 주린 것을 알고 있으므로 그 진영을 떠나서 들에 매복하고 스스로 이르기를 그들이 성읍에서 나오거든 우리가 사로잡고 성읍에 들어가겠다 한 것이니라"(7:12).

요람 왕은 이 사건을 엘리사의 예보에 연결할 수 있을 만큼 하나님을 신뢰하지 못하였습니다. 만일 그가 이 뉴스는 곧 엘리사가 말한 넘치는 양식 공급의 증거라고 하면서 하나님을 찬양하며 백성을 격려했다면 얼마나 좋았겠습니까? 그나마 다행스러운 것은 한 지혜로운 신하가 있어 왕에게서 현장 확인의 허락을 받아냈습니다(7:13-14). 나아만 장군이 처음에 엘리사의 지시대로 요단 강에 가서 씻는 일을 거부했을 때에도 그의 종들이 나아만을 설득하여 치유를 받게 하였습니다. 지혜로운 사람들은 위기를 극복하는 일에 필요한 인물들입니다. 요람 왕의 신하가 제안한 대로 현장 확인 결과 과연 나병 환자들의 보고가 사실이었음이 판명되었습니다. 기아(飢餓)로 사람들이 계속 죽어가던 비극은 한 지혜로운 신하의 설득력 있는 제안 때문에 곧 그치게 될 것이었습니다(16절).

이 시점에서 본문은 엘리사 선지자가 요람 왕에게 전했던 말씀을 반복합니다.

> "이에 고운 밀가루 한 스아에 한 세겔이 되고 보리 두 스아가 한 세겔이 되니 여호와의 말씀과 같이 되었더라"(7:16; 비교. 7:1).

엘리사의 예언이 문자대로 성취되었습니다. 그런데 성취된 말씀은 이것뿐만이 아닙니다. 처음에 엘리사가 왕에게 양식 문제로 하나님의 말씀을 전했을 때 왕의 한 장관이 곁에서 한 말을 기억하십니까? 그때 그는 엘리사에게 하나님이 하늘 창고 문을 여셔도 그런 일이 일어날 수 없을 것이라고 비아냥거렸습니다(7:2). 엘리사는 그에게 "네가 네 눈으로 보리라 그러나 그것을 먹지는 못하리라"(7:2)고 하였습니다. 본 스토리는 막을 내리기 전에 이 장관에 대한 엘리사의 말씀이 어떻게 성취되었는지를 명기합니다.

요람 왕은 넘치는 물자를 통제하기 위해서 "그의 손에 의지하였던 그의 장관을 세워 성문을 지키게" 하였습니다(7:17). 이 장관이 아람 군의 진영으로부터 거두어 온 방대한 양식과 기타 물품들을 보면서 어떤 생각을 했을까요? 엘리사가 그에게 "네가 눈으로 보리라 그러나 그것을 먹지는 못하리라"고 한 말의 의미를 생각해 보았을까요? 그랬다면 어쩌면 하나님께 사죄하며 용서를 빌었을지도 모릅니다. 안타깝게도 본문이 강조하는 것은 그의 회개가 아니고 그의 죽음입니다.

> "백성이 성문에서 그를 밟으매 하나님의 사람의 말대로 죽었으니 곧 왕이 내려왔을 때에 그가 말한 대로라"(7:17).

그런데 한 가지 우리의 시선을 끄는 것이 있습니다. 16절과 17절의 내용이 18절과 20절에서 반복되었습니다. 왜 같은 내용을 같은 항목에서 두 번씩 연달아 반복했을까요? 후대의 독자들에게 교훈을 주려는 것입니다. 무슨 교훈입니까? 하나님께서 약속으로 주신 말씀은 조건부가 아닌 이상, 절대로 땅에 떨어지지 않는다는 것입니다. 양식 공급이 24시간 이내에 저가로 공급될 것이라는 예보는 정확하게 성취되었습니다. 아울러 이 말씀을 불신하고 냉소했던 왕의 장관에 대한 예고도 그대로 이루어졌습니다. 그렇다면 하나님의 말씀을 항상 진지하게 대하고 이루어질 것을 믿으며 하나님을 신뢰해야 할 것입니다.

본문에서 19절은 우리에게 또 하나의 교훈을 던져 줍니다. 19절은 왕의 장관이 2절에서 엘리사 선지자에게 한 말을 그대로 옮겨서 반복한 것입니다. 이것은 무엇을 의미할까요? 하나님께서는 그의 말씀을 비웃고 하나님의 능력과 자비의 공급을 가소롭게 여기는 자의 말을 그대로 기억하신다는 사실입니다. 이것은 무서운 경고입니다. 본 스토리가 어떻게 끝나는지를 주목하십시오.

"그의 장관에게 그대로 이루어졌으니 곧 백성이 성문에서 그를 밟으매 죽었더라"(20절).

약속의 말씀과 함께 심판의 말씀도 성취됩니다. 하나님의 경이로운 섭리와 사랑의 돌봄을 알리는 좋은 소식을 멸시하는 자들은 반드시 벌을 받게 됩니다.

사마리아의 모든 굶주린 백성들은 성문에 쏟아진 하나님의 축복을 만끽하였습니다. 그들은 기근 속에서 풍요를 누렸습니다. 그러나 하나님의 기쁜 소식을 비웃었던 요람 왕의 장군은 자신이 관리하던 풍요 속에서 죽임을 당하였습니다. 하나님이 내리시는 풍성한 축복을 본다고 해서 반드시 다 누리는 것은 아닙니다. 하나님의 자비의 물질을 맡았다고 해서 반드시 내 것이 되는 것도 아닙니다. 하나님의 풍성한 선물은 진정한 의미에서 하나님의 말씀을 신뢰하는 백성의 몫입니다. 여러분은 이 선물을 누리고 있습니까? 보고도 먹지 못하는 일이 없도록 해야 합니다. 기근 속에 풍요가 있고, 풍요 속에 기근이 있습니다.

요람 왕의 장군은 풍요를 보고도 엘리사의 말처럼 먹지 못하였고 또 밟혀 죽기까지 했으니 이중으로 죽임을 당한 것과 같습니다. 사실상 그는 요람 왕의 측근이었기에 하나님의 풍성한 물질을 통제하고 분배하며 질서를 유지하는 일을 맡았습니다. 하나님이 하늘 창고를 여셔도 그런 일이 있을 수 없다고 불신했던 사람이었음에도 단지 왕을 보좌하는 직책 때문에 큰일을 맡았습니다. 그러나 일반 백성은 그가 밟혀 죽을 때에 하나님의 선물을 넘치게 누렸습니다.

: 가장 천한 사람들도 구원의 드라마에서
영웅으로 등장합니다.

나병 환자에 대한 율법의 규정을 보면 매우 가혹한 듯합니다(레 13:45-46). 나병 자체가 사람을 부정하게 하는 것은 아닙니다. 그러나 나병은 당시에 가장 혐오스러운 병이었기에 부정한 것을 예시하는 하나의 실물 교재였습니다. 거룩한 삶을 살아야 하는 언약 백성에게 깨끗하고 부정한 것을 구별시키는 일은 다분히 인위적이지만 교육적인 차원에서 나온 아이디어였습니다.

예를 들어 비늘이 없다는 이유에서 오징어가 특별히 나쁜 음식이 아니며 돼지고기가 소고기보다 더 부정한 음식도 아닙니다. 나병 환자라고 해서 건강한 사람보다 도덕적으로 더 부정한 사람이 아닌 것과 같습니다. 나병은 현대 의학으로는 쉽게 고칠 수 있는 병이지만 당시에는 불치병이었습니다. 전염성이 강하기 때문에 다른 사람의 접근을 막기 위해 '부정하다 부정하다' 하고 외쳐야 했습니다. 나병 환자는 격리해야 할 필요가 있었기에 혼자 지내면서 진영 밖에서 살아야 했습니다.

이것은 율법으로 이스라엘 백성을 가르쳐야 했던 구약 시대의 한 임시 조치였습니다. 새 언약 시대에는 이러한 정결법이 그리스도에 의해 모두 완성되고 폐기되었습니다. 지금은 나병

보다 더 무서운 질병들도 있습니다. 치유할 수 없는 암들도 있고 에이즈 환자들도 적지 않습니다. 그러나 구약 시대에는 나병이 불치병이었고 의식적으로 부정한 병으로 간주하였기 때문에 나병에 걸리면 사회적으로 경원시되고 고립되었습니다. 비록 이스라엘 백성이라도 언약 백성의 진영에 들어올 수 없었기에 아무도 그들의 존재를 귀하게 여기지 않았습니다. 그럼 하나님께서도 그들을 무가치하고 혐오스러운 존재로 보셨을까요?

네 명의 나병 환자들이 국가의 중대 위기에 등장한 것은 결코 우연이 아닙니다. 이들의 존재는 누구나 싫어했지만 하나님께서는 귀히 여기셨습니다. 비록 그들이 성문 어귀에서 구걸하는 신세가 되었어도 하나님께서는 그들의 삶에 선한 계획을 가지고 계셨습니다. 본 스토리 전체에서 등장하는 주요 인물들은 이스라엘 왕을 비롯하여 장관과 신하 그리고 엘리사와 장로들입니다. 이들은 모두 정상적인 사람들입니다. 아무도 이들을 보고 피하거나 무시하지 않았습니다.

그런데 갑자기 천대와 소외를 당하는 나병 환자들이 무대에 등장하면서 놀라운 일이 벌어집니다. 이들은 아무도 알지 못했던 아람 진영의 소식을 알렸습니다. 이보다 더 기쁘고 좋은 소식은 없었습니다. 죽어가는 백성에게 생명을 가져오는 희소식이었습니다. 그들 덕분으로 사마리아의 식량 문제가 단번에 해결되고 죽음의 문 앞에서 모두 새 생명을 얻었습니다. 하나님께서 이런 중요하고 명예로운 일을 네 명의 나병 환자에게 맡기실 줄을 누가 상상이라도 했겠습니까?

평소에는 없어도 좋은 사람들로 여겼던 나병 환자들이 한순간에 구국 공신(功臣)이 되었습니다. 사마리아 도성을 굶주림으로부터 구출하는 일에 결정적인 역할을 한 인물들은 이스라엘의 왕도 아니고 심지어 엘리사 선지자도 아니었습니다. 하나님께서는 그 모든 영예를 무시와 고독과 천대 속에서 살아야 했던 네 명의 나병 환자들에게 안겨 주셨습니다. 그들은 난생 처음으로 대환영을 받았고 삶의 보람을 느꼈을 것입니다.

하나님께서는 구원의 역사에서 기이한 일을 행하시는 분입니다(시 75:1; 77:14; 78:12, 32). 모세나 여호수아와 같은 인물들도 사용하시지만, 나병 환자들까지도 사용하십니다. 하나님께서는 아무도 기대하지 않은 일들을, 전혀 머리에 떠오르지도 않았던 사람들을 통해서 어느 날 갑자기 우리의 편견과 잘못된 가치관을 무너뜨리십니다.

우리가 본 스토리를 통해서 배울 수 있는 것은 하나님께서는 종종 생각지 않은 사람들을 사용하여 자기 백성을 구출하신다는 사실입니다. 예를 들어 예수님의 출생 소식은 예루살렘 성전의 제사장들이나 신학자들이 아닌, 베들레헴의 가난한 목자들에게 먼저 전달되었습니다. 역사적으로 부흥의 불길이 치솟았던 곳은 세상에 잘 알려진 곳이 아니었고 부흥의 주역을 맡은 분들도 대체로 유명 목회자들이 아니었습니다. 하나님께서는 무시당하는 보통 사람들을 사용하기를 즐기십니다. 예수님의 부활 소식도 당시에 인정을 받지 못하던 평범한 여제자들을 통해서 전달되었습니다. 하나님께서는 이러한 특권과 영예를 예루살렘의 왕족이나 성전 지도자들에게 주시지 않았습니다. 그들은 사실상 부활을 믿지도 않았습니다.

네 명의 나병 환자들은 사마리아 백성을 기아선상에서 구출하는 일생 최대의 사역을 하였습니다. 그들은 일생에 한 번도 경험하지 못했던 최대의 호의호식을 하였고 최대의 기여를 하였습니다. 그리고 무엇보다도 그들의 공로가 성경에 기록되었습니다. 이보다 더 큰 영예가 있겠습니까? 그런데 그들의 이름은 본 스토리에 나오지 않습니다. 하지만 이것은 중요하지 않습니다. 그들 덕분에 왕이 살고 도성이 건짐을 받았습니다. 극도의 굶주림으로부터 백성이 구출되었습니다. 자신이 낳은 자식을 삶아 먹는 참극이 중단되었습니다. 하나님의 자비하심이 온 나라에 알려졌습니다. 그럼 다 되지 않았습니까? 내 이름이 밝혀지지 않는 것이 무슨 상관이 되겠습니까?

주의 일을 했으면 주께 감사하고 자신은 숨겨야 합니다. 주님이 나를 사용하여 선한 일을 하게 하셨는데 내 이름이 나오지 않는다고 해서 섭섭하게 여길 필요가 없습니다. 중요한 것은 내 이름이 아니고 하나님의 이름이 영광을 받는 것입니다. 그런데 이렇게 생각하고 사는 성도들은 하나님의 가슴속에 새겨져 있습니다. 지상에 새겨진 이름은 때가 되면 지워지지만, 하늘에 기록된 이름들은 영원합니다. 하나님께서는 주를 위한 우리의 희생과 선행을 잊지 않고 갚아 주시는 분입니다.

> "하나님은 불의하지 아니하사 너희 행위와 그의 이름을 위하여 나타낸 사랑으로 이미 성도를 섬긴 것과 이제도 섬기고 있는 것을 잊어버리지 아니하시느니라"(히 6:10).

: 본 스토리는 복음의 핵심을 예시합니다.

타락한 인간은 고대 사회의 나병처럼 죄의 불치병에 걸려 있습니다. 아무도 인간을 죄의 수렁에서 건져낼 수 없습니다. 사마리아 백성처럼 모두 죄에 갇혀서 죽어가는 중입니다. 그럼 죽음으로부터 살아날 수 있는 길은 무엇입니까? 네 명의 나병 환자는 아무것도 나올 것이 없는 성문 어귀에서 죽음을 기다리느니 차라리 아람 군에게 가서 자비를 구하려고 일어섰습니다. 그 결과가 무엇입니까? 그들이 살게 되었습니다. 그냥 연명하는 것이 아니고 살아 넘치게 되었습니다. 그들은 아람 군의 진영으로 들어갔기 때문에 꿈에도 상상하지 못했을 산적한 재물과 식량을 얻었습니다. 그들은 실컷 먹고 마시고 귀중품을 거두며 기뻐하였습니다.

복음이 이와 같습니다. 복음은 그리스도 안에 있는 온갖 신령한 보화들을 선물로 줍니다(엡 1:3). 죄인들은 나병 환자들처럼 하릴없이 인생의 "성문 어귀"(7:3)에서 죽음을 기다릴 것이 아니라 믿음으로 일어서서 복음이 주는 자비의 선물을 취해야 합니다. 하나님께서 나를 죄와 사망과 정죄로부터 구원하기 위해서 주 예수를 나의 대속주로 보내셨음을 믿는 자들은 은혜의 선물인 새 생명을 즉시 받습니다.

나병 환자들이 아람 진영으로 갔을 때 그들을 죽일 수 있는 적군은 "한 사람도"(7:10) 없었습니다. 그들은 처음에는 아람 군대에 가면 죽임을 당할 것까지도 각오했습니다(7:4). 그러나 그들의 목숨을 앗아갈 사람은 아무도 없었고 엄청난 특권과 축복이 기다리고 있었습니다. 흔히 예수를 믿으면 이런저런 일들에 방해가 될 것으로 염려합니다. 그러나 주 예수를 믿는 순간부터 자유를 누립니다. 과거에는 죄와 죽음과 사탄의 나라에 붙잡혀 있었지만, 이제는 빛과 생명으로 넘치는 하나님의 아들의 나라로 옮겨집니다. 이때부터 새 생명의 삶이 시작됩니다. 이 새 삶은 잠시 있다가 없어지는 것이 아닙니다. 그리스도를 자신의 구주로 영접한 이후부터 누리는 새 생명의 삶은 영원히 계속되면서 갈수록 더욱 풍성해집니다.

네 명의 나병 환자가 아람 진영에 갔을 때 무엇을 얻었습니까? 하루 이틀 정도의 공급을 받은 것이 아니고 대박을 거두었습니다. 자신들의 필요를 거의 무한대로 채우고도 남는 음식과 의복과 은금을 얻었습니다. 모두 거저 받았습니다. 복음이 이와 같습니다. 내가 돈을 주고 사는 것도 아니고 나의 공로로 획득하는 것도 아닙니다. 오로지 주 예수를 대속주로 믿으면 됩니다. 그때부터 인생의 진정한 목적이 생기고 세상의 궁극적인 숙제들이 풀립니다. 하나님을 알게 되고 온 세상과 나의 삶에 대한 하나님의 뜻을 깨닫습니다. 다른 믿음의 가족들과 복음 안에서 사귀게 되고 거룩하시고 전능하시며 사랑과 자비로 가득하신 하나님을 섬기는 새로운 삶이 이루어집니다. 이보다 더 큰 축복이 없습니다. 그래서 복음은 "은혜 위에 은혜"(요 1:16)이며 "모든 믿는 자에게 구원을 주시는 하나님의 능력"(롬 1:16)입니다.

: 복음의 축복은 책임도 지워줍니다.

나병 환자들이 아람 진영에서 자신들의 필요를 충족시킨 후에 행한 일은 복음을 믿는 신자들이 무엇을 행해야 하는지를 역설합니다.

> "나병 환자들이 서로 말하되 우리가 이렇게 해서는 아니되겠도다 오늘은 아름다운 소식이 있는 날이거늘 우리가 침묵하고 있도다. 만일 밝은 아침까지 기다리면 벌이 우리에게 미칠지니 이제 떠나 왕궁에 가서 알리자 하고"(7:9).

"아름다운 소식"은 "좋은 소식"으로 번역될 수 있습니다. 이들은 곧 사마리아 성으로 돌아가서 '좋은 소식'을 전하였습니다. 그들이 가져온 소식은 믿을 수 없을 정도로 좋았습니다. 왕은 의심하고 사람을 보내 보았습니다(17:12). 과연 놀랍고 좋은 생명의 소식임이 확인되었습니다. 그 결과 온 사마리아 성의 백성이 엘리사의 말대로 풍성한 공급을 받았습니다. 한 사람도 굶는 사람이 없었고 한 사람도 헐벗은 성민이 없었습니다. 복음을 믿는 신자들은 이 좋은 소식을 죽어가는 세상 사람들에게 전해야 합니다. 이것은 신자들이 할 수 있는 최대 최선의 봉사입니다. 우리가 전하는 복음은 죄의 속박으로부터의 자유와 영적 빈곤으로부터의 해방과 하늘에 속한 온갖 신령한 축복을 받게 하는 구원의 소식입니다. 이 특권과 책임은 누려야 복이 됩니다. 복음의 보물을 다른 사람들과 나누도록 하십시오.

네 명의 나병 환자들이 누린 특권이 어떤 것이었는지를 생각해 보십시오. 그들은 일생 구걸과 학대 속에서 살았습니다. 아무도 원치 않는 삶을 산다면 얼마나 불행하겠습니까? 그러나 하나님의 자비와 섭리 속에서는 아무리 불행한 인생도 역전될 수 있습니다. 나병 환자들은 일생 동안 불치병으로 고통을 받았고 날마다 타인의 자선에 의지하면서 구차한 생명을 이어왔습니다. 그런 형편에 있으면서 사회와 국가를 위한다는 것은 그림의 떡이었습니다. 나병 환자인들 어찌 사람답게 살고 싶지 않았겠습니까? 몹쓸 병만 아니라면 사회에 유익하고 떳떳한 기여를 하고 싶었을 것입니다. 우리 중에도 환경이나 건강 문제로 뜻을 펴지 못하거나 원하는 일을 하지 못하는 경우가 적지 않습니다. 그러나 하나님의 은혜로운 섭리 안에서는 자신도 기대하지 않았고 바라보지도 못했던 일을 주님을 위해서 행할 수 있습니다.

나병 환자들은 생전 처음으로 남을 위해서 도움을 주는 자들이 되었습니다. 사실상 국가 존망의 갈림길에 왕도 하지 못하는 일을 해냈습니다. 누구도 부정한 혐오의 대상들을 구출 대원으로 뽑지 않을 것입니다. 그러나 하나님께서는 나병 환자들을 구출 드라마의 주역으로 쓰셨습니다. 구조대의 선봉에서 주역을 맡은 자들은 왕도 장군도 장로들도 아니고 나병 환자들이었다는 것은 또 하나의 믿기 어려운 사실입니다. 물론 신분이 천하다고 해서 하나님께서 자동으로 들어 쓰시지는 않습니다. 믿음의 용단이 있어야 하고 좋은 소식을 나누려는 마음을 가져야 합니다. 네 명의 나병 환자들은 "죽으면 죽으리이다"(에스더 4:16)라는 담대한 자세로 하나님의 은혜의 발견을 위해 위험을 무릅쓴 선봉대였습니다. 믿음의 발을 내디뎠던 나병 환자들은 평생에 아무도 경험할 수 없었던 진기한 풍경을 목격하였습니다. 그들의 눈앞에 필요한 모든 것들이 산더미처럼 쌓여 있었습니다. 그들의 담대한 믿음은 큰 보상을 받았습니다. 만약 이들이 이기적인 물욕에 사로잡혔다면, 사마리아 성민들을 살리는 국가적 차원의 기여를 하지 못했을 것입니다. 복음의 축복은 나누어야 합니다. 하나님이 주시는 복은 흘러나갈 때 더욱 불어납니다. 주 예수 그리스도의 복음을 전하십시오. 그리하면 하나님의 구원의 역사가 또 하나의 아름다운 스토리로 엮어질 것입니다.

본 스토리는 단순한 전쟁 이야기를 넘어 많은 영적 교훈들을 내포하고 있습니다. 사마리아가 포위된 것과 백성이 당하는 기근의 비참한 형국은 오늘날의 교회 상황에 대한 하나의 예시가 될 수 있습니다. 적국은 이스라엘을 수시로 침략하고 사방으로 포위하여 백성이 굶어 죽게 하였습니다. 왕도 속수무책이었습니다. 오늘날의 교회도 영적으로 보면 유사한 형편입니다. 희석된 복음과 물질주의, 대형화와 세속 사상, 목회자들의 부패와

엔터테인 예배 등으로 교회는 포위를 당하여 빠져나갈 수 없어 보입니다. 강단의 말씀은 영적 영향력이 미약합니다. 신자의 삶은 활력보다는 침체나 구습에 젖어 있습니다. 일반적으로 교회는 형식적 종교 활동의 타성에서 벗어나지 못하는 듯합니다.

사마리아는 이스라엘의 수도였습니다. 그러나 왕과 장군들의 성품이 백성의 존경과 신뢰를 받기에는 너무도 좋지 않습니다. 그들은 백성의 절급한 문제에 아무런 도움을 줄 수 없는 무력한 인물들입니다. 아사자가 속출하는 때에 시장에서는 율법에 금지된 부정한 음식이 터무니없는 고가로 매매되었습니다. 나귀 머리는 살이 가장 없는 곳이고 비둘기 똥은 그야말로 똥입니다. 그런데도 일반인들은 비싸서 엄두도 낼 수 없었습니다.

오늘날의 교회 현실이 이와 같다고 하면 아마 지나치다고 생각할 것입니다. 누가 하나님의 백성을 위해 나귀 머리를 식탁에 올려놓고 비둘기 똥을 먹으라고 하겠습니까? 하지만 "영생하도록 있는 양식"이 아닌 "세상의 썩을 양식"(요 6:27)이 강단에서 배식된다면 그것이 곧 먹지 못할, 아니 먹어서는 안 되는 '나귀 머리'입니다. 복음의 가르침과 하늘 나라의 가치관에 역행하는 인간의 만담들이 강단에서 방송된다면 그것이 곧 '비둘기 똥'입니다. 하나님의 교회에 남은 것은 낙타 머리와 비둘기 똥밖에 없다고 생각해 보십시오! 이런 양식 아닌 것들을 매주 먹고서야 어찌 하나님의 백성이 살 수 있겠습니까?

사마리아 성은 왕성이었습니다. 왕이 백성을 보호하는 곳이어야 하고 백성이 필요를 공급받는 곳이어야 합니다. 그러나 날마다 성민들이 먹지 못해 죽어갔습니다. 외적이 계속 침입해 왔기 때문입니다. 이처럼 교회에서도 세상의 거짓된 가르침들이 복음인 양 침입하고 있습니다. 세상의 방식으로 교회 생활을 하게 하면 결국에는 영적 아사 상태에 빠지게 됩니다. 하나님께서는 아모스 선지자를 통해 우상 숭배의 행습을 버리지 못하는 이스라엘이 영적 기근을 겪을 것이라고 경고하셨습니다.

> "주 여호와의 말씀이니라 보라 날이 이를지라 내가 기근을 땅에 보내리니 양식이 없어 주림이 아니며 물이 없어 갈함이 아니요 여호와의 말씀을 듣지 못한 기갈이라"(암 8:11).

오늘날의 교회들은 겉으로는 별 이상이 없는 정상적인 모습일지 모릅니다. 그러나 영적 포위를 당하고 있습니다. 돈은 많아도 말씀은 적고, 신자들은 많아도 '하나님의 사람들'은 잘 보이지 않습니다. 외형은 힘이 있어 보이지만 속을 보면 성령의 기름 부음도, 영적 감동도 느낄 수 없는 곳이 허다합니다. 이스라엘 왕의 말처럼 타작 마당에서도 포도주 틀에서도 나올 양식이 없다면(27절) 어떻게 해야 한단 말입니까? 언제까지 자기 자식을 삶아 먹어야 합니까? 이것은 모성애를 살해하는 본능의 모살이며 사랑의 암살입니다. 어떻게 이보다 더 이상 내려갈 수 있단 말입니까? 우리는 현재의 교회 모습을 보고 이런 정도라고 전혀 말할 수는 없을지 모릅니다. 그렇게 말하는 것 자체가 너무도 혐오스럽습니다.

하지만 우리는 역사의 교훈 앞에 서 있습니다. 이스라엘 역사에서 실제로 이런 일이 발생하였습니다. 그것도 여러 번 있었습니다. 기독교 교회사에서도 반복되었습니다. 종교 개혁의 원인이었던 중세기 교회의 여러 타락상은 역사가 증언합니다. 현대 교회도 영적으로 본다면 수위가 매우 낮다고 말해야 할 것입니다. 신학도 크나큰 발전을 하였고 교인 수도 엄청납니다. 우리나라 교회는 선교사 파송도 많고 교회 재산도 막대합니다. 물론 가난한 교회들이 적지 않습니다. 복음을 바르게 잘 전하는 교회들도 여기저기 있습니다. 그러나 그런 교회들은 찾아보아야 합니다. 그러나 교회에 관한 한, 비관은 금물입니다. 왜 그럴까요? 크리스천은 그리스도의 부활 승리를 믿고 사는 자들이기 때문입니다. 우리는 현실을 직시해야 하고 긍정적인 목적을 가진 비판을 해야 하지만 하나님의 음성을 들으면 살길이 열린다는 것을 믿어야 합니다.

본 스토리의 한 가지 중요한 영적 교훈은 하나님께서 자기 백성을 버리시지 않았다는 것입니다. 하나님께서는 엘리사를 통해 단 하루 만에 모든 식료품이 싸게 공급될 것이라는 메시지를 주셨습니다. 위기에 필요한 것은 하나님과 산 접촉을 하는 선지자의 신선하고 권위 있는 메시지입니다. 왕을 향해서도 조금도 두려워하지 않고 "이 살인자의 아들"(6:32)이라고 지적할 수 있고, 그런 악한 왕에게도 하나님의 말씀이라면 좋은 소식을 전하는 선지자가 있어야 합니다(7:1). 하나님의 자비의 메시지를 비웃는 장관에게도 가차 없는 심판을 예고하는 선지자의 목소리가 우리 시대에도 필요합니다.

하나님께서는 자기 백성을 위해 빈번하게 자비로 개입하십니다. 그러므로 우리 시대의 위기 상황에서도 하나님의 구원의 개입을 기대하며 꾸준히 하나님을 신뢰하고 위기를 넘겨야 합니다. 하나님께서는 적군을 사용해서라도 자기 백성을 보호하실 수 있습니다. 아람 군대는 자신들이 사용할 것으로 으레 믿고 많은 군수품을 가지고 왔습니다. 그러나 결과적으로 그들은 엘리사 선지자가 이스라엘 왕에게 말했던 저렴한 양식에 대한 예고를 성취시키는 도구가 되었습니다. 그들은 넘치는 물품을 소유하고서도 사용하지 못하였습니다. 공포에 질려 군수품을 두고 모두 도주했기 때문입니다.

반면, 이스라엘의 왕을 시종 들었던 장관은 아람 군의 양식을 관리하는 책임을 맡았습니다. 그는 자기 눈으로 차고 넘치는 식품들을 보면서도 먹지 못하고 죽었습니다. 아람 군대처럼 인간은 계획하고 자신합니다. 자기 손에 잡혀 있으면 자기 것이 되었다고 생각합니다. 그러나 하룻밤에 모든 것이 뒤바뀌는 것을 알지 못합니다. 이스라엘 왕의 장관은 엘리사의 말을 믿지 않았습니다. 자기 판단에 있을 수 없는 일이었습니다. 자신의 경험에는 없는 일이었습니다. 그러나 그는 일어날 수 없는 일이 실제로 발생했을 때 이를 자기 눈으로 보았지만 그 혜택은 입지 못하고 말았습니다. 그는 자신의 불신을 뉘우치지 않았습니다. 그에 대한 하나님의 심판의 예언은 그대로 성취되었습니다.

> "백성이 성문에서 그를 밟으매 하나님의 사람의 말대로 죽었으니…"(7:17).

> "그의 장관에게 그대로 이루어졌으니 곧 백성이 성문에서 그를 밟으매 죽었더라"(7:20).

그가 밟혀 죽었다는 말이 두 번씩 확인하듯이 반복된 점을 주목하십시오. 우리는 하나님의 말씀 앞에서 겸비해야 합니다. 하나님의 주권적인 섭리와 경영에 고개를 숙이십시오. 하나님은 인간의 판단을 넘어 기이한 일을 행하시는 분입니다. 그분을 신뢰하는 것이 가장 안전한 최선의 길입니다. 역경 속에서도 엘리사의 하나님을 신뢰하며 살도록 하십시다.

8장

다 잃고 더 풍성히 받은 여자

Elisha 엘리사

"엘리사가 이전에 아들을 다시 살려 준 여인에게 이르되 너는 일어나서 네 가족과 함께 거주할 만한 곳으로 가서 거주하라 여호와께서 기근을 부르셨으니 그대로 이 땅에서 칠 년 동안 임하리라 하니 여인이 일어나서 하나님의 사람의 말대로 행하여 그의 가족과 함께 가서 블레셋 사람들의 땅에 칠 년을 우거하다가 칠 년이 다하매 여인이 블레셋 사람들의 땅에서 돌아와 자기 집과 전토를 위하여 호소하려 하여 왕에게 나아갔더라"(8:1-3)

제목이 '다 잃고 더 풍성히 받은 여자' 입니다. 이 제목이 맘에 드시는지요? 아마 각자의 배경에 따라서 마음에 들기도 하고 안 들기도 할 것입니다. 만약 이 제목을 고친다면 어떻게 고치고 싶습니까?

번영 신학이나 긍정의 힘을 믿는 분들은 잃는 것을 싫어합니다. 그래서 '받고 더 받은 여자' 라고 고치고 싶을 것이다. 번영 신학과 긍정의 힘이 인기가 있는 이유는 더 받는 것이 좋기 때문입니다.

고난 신학을 강조하는 고난파들은 이 제목이 축복신앙을 시사하는 말로 들릴 것이기에 싫어할 것입니다. 그래서 '다 잃고 깨끗하게 끝난 여자' 로 고치고 싶을 것입니다. 이것은 듣기에 멋지고 영적 수준이 높아 보입니다. 그러나 실제로 다 잃고 깨끗하게 끝나버리면 말이 좋지 허망할 것 같습니다. 아마 '다 잃고 손 털고 일어섭시다' 하면 자원병이 없을 듯합니다. 고난파들은 목청을 높이지만 따라오는 자들은 많지 않습니다.

신앙적 모험이나 믿음의 투신을 싫어하는 안정주의자들은 '안 잃고 안 받은 여자' 가 더 좋을지 모릅니다. 다시 받을 것이라면 한번 잃어 보자는 식의 신앙생활은 불필요한 모험으로 여깁니다. 이것은 편하게 믿기를 원하는 자들의 입장입니다. 잃어

버리고 다시 받겠다고 바둥바둥하기보다 아예 처음부터 안 잃어버리고 안 받는 것이 맘 편하다고 여길 것입니다.

원칙주의자들은 다 잃었으면 당연히 다 받아야 한다고 봅니다. 그런데 더 받아도 안 되니까 '다 잃고 다 받은 여자'라야 공평하다고 주장할 것입니다. 잃은 것을 그대로 다 돌려받는 것은 다행한 일입니다. 그러나 그리 매력은 없습니다. 좀 싱겁다는 생각이 들기 때문입니다.

그럼 성경은 누구 편일까요? 이 네 가지 입장을 넘어서 '다 잃고 더 풍성히 받은 여자'의 손을 들어줍니다. 주님은 "누구든지 제 목숨을 구원하고자 하면 잃을 것이요 누구든지 나를 위하여 제 목숨을 잃으면 찾으리라"(마 16:24-25)고 하셨습니다. 주님은 우리가 주님을 위해서 다 잃기를 원하십니다. 그리고 우리가 그 대가로 도로 받을 뿐만 아니라 더 받기를 원하십니다. 그런데 한 번 잃었다가 다시 찾는 목숨은 처음의 목숨과 질적으로 다른 차원의 새로운 목숨입니다. 단순한 회복이 아니고 더 풍성하고 영원한 생명입니다. 예수님은 자신이 세상에 오신 것은 "양으로 생명을 얻게 하고 더 풍성히 얻게 하려는 것이라"(요 10:10)고 하셨습니다. 수넴 여자는 '다 잃고 더 풍성히 받은' 사람이었습니다. 수넴 여자의 스토리는 요한복음 10장 10절의 선례입니다.

수넴 여자의 스토리가 우리에게 주는 아름다운 교훈의 하나
는 그녀의 꾸준한 믿음입니다. 수넴 여자는 엘리사 선지자와 오
랫동안 신실한 성도의 교제를 나누었습니다. 세월이 많이 흘렀
지만, 이 두 사람은 서로 믿음 안에서 연락을 주고받았습니다.

수넴 여자는 처음에 엘리사 선지자에게 숙식을 제공하였습
니다. 그다음, 기적의 아들을 선물로 받았습니다. 그 후 몇 년이
지나서 아들이 갑자기 죽었습니다. 그때 그녀는 하나님을 꾸준
한 믿음으로 끝까지 신뢰하였습니다. 그 결과, 죽은 아이를 되
살려 받았습니다. 이렇게 하여 수넴 여자의 이야기는 열왕기하
4장 37절에서 일단락이 됩니다. 그 후 8장에 가서 다시 수넴 여
자의 마지막 스토리가 나옵니다. 4장과 8장 사이에 많은 세월
이 흘렀습니다. 그래서 그동안의 공백 기간에 수넴 여자의 믿음
생활이 어떤 상태에 있었는지를 8장에서 다시 진술합니다.

우리는 교회 생활을 하면서 많은 교인을 만납니다. 그런데
교제를 해보면 여러 종류의 신자들이 있음을 알 수 있습니다.
어떤 신자는 과거에는 믿음 생활을 잘했었는데 세월이 지난 후
에 만나보면 그만 시들해진 것을 알 수 있습니다. 또 어떤 신자
는 변하지 않는 믿음 안에서 계속해서 교제를 나누기도 합니다.
혹은 과거에는 참 좋은 성도의 교제를 했었는데 도중에 그만 연
락이 끊어진 경우도 있습니다. 그래서 꾸준한 신앙으로 변함없

이 주님을 사랑하며 함께 교제를 지속하는 성도들은 매우 귀합니다. 사도 바울도 "우리 주 예수 그리스도를 변함없이 사랑하는 모든 자에게 은혜가 있을지어다"(엡 6:24)라고 축원하였습니다.

수넴 여자는 엘리사 선지자와 늘 신실한 교제를 해왔음이 틀림없습니다. 그래서 엘리사는 수넴 여자에게 대단히 중요한 정보를 줄 수 있었습니다. 이것은 엘리사 선지자만 가지고 있는 비밀 정보였습니다. 그 내용은 앞으로 이스라엘에 칠 년간 기근이 온다는 것이었습니다. 엘리사는 이 예고를 하나님으로부터 받았고 그것을 수넴 여자에게 알려 주었습니다. 이것은 중대 뉴스였습니다. 그런데 왜 이스라엘 백성 중에서 단 한 사람에게만 기근을 예고하시고 피난을 가라고 하셨을까요?

: 하나님께서는 이스라엘을 기근으로 벌하실 때 수넴 여자에게 피할 길을 주셨습니다.

기근은 징계의 성격을 띤 것입니다. 언약 백성에게 기근은 하나님을 불순종하는 데 대한 저주의 목록에 들어가 있습니다(신 28:22-24; 시 105:16). 그래서 엘리사는 "여호와께서 기근을 부르셨다"(8:1)고 하였습니다. 이스라엘에 내릴 기근은 단순한 자연 현상이 아니고 하나님께서 이스라엘을 징계하기 위해 불러일으키는 재앙이었습니다.

당시의 대부분의 이스라엘 백성은 우상 숭배자들이었습니다. 그러나 수넴 여자처럼 우상 숭배를 하지 않고 하나님을 신뢰하는 자녀들은 하나님께서 친히 돌보신다는 것이 본문의 중요한 교훈입니다.

첫째, 하나님께서는 희생과 사랑의 봉사를 한 자녀들을 잊지 않으십니다.

수넴 여자는 엘리사의 사역을 알뜰하게 도왔습니다. 엘리사에게 방도 지어주고 숙식도 제공하며 사역의 쉼터를 제공하였습니다. 하나님께서는 그런 희생을 기뻐하시고 기억하십니다. 그리고 때가 되면 후히 갚아 주십니다.

"오직 선을 행함과 서로 나누어 주기를 잊지 말라 하나님은 이 같은 제사를 기뻐하시느니라"(히 13:16)

내가 주님을 위한 선행을 잊지 않고 행하면, 하나님께서도 나를 잊지 않고 후히 대해 주십니다. 하나님께서 나의 죄를 기억하시는 것이 아니라, 나의 작은 선행까지도 기억하시고 나를 개인적으로 친밀하게 대해 주신다는 것은 얼마나 마음 훈훈한 일인지 모릅니다. 하나님께서는 수넴 여자의 선행을 기억하시고 기근 소식을 알려 주셨습니다. 그래서 칠 년이라는 긴 세월에 대비해서 미리 대피할 수 있었습니다. 이것은 그녀가 하나님으로부터 받은 개인적인 후한 보상이었습니다. 하나님께서는 주의 나라를 위해 선을 행하는 자들을 이런 식으로 기억하여 주십니다.

둘째, 하나님은 주님의 일을 돕는 자녀에게 은밀한 배려를 하십니다.

기근 예보는 매우 개인적인 것이었습니다. 이것은 하나님의 비밀이었습니다. 이스라엘에서 기근을 예고 받고 다른 나라로 피신한 사람은 수넴 여자뿐이었습니다. 수넴 여자는 하나님께서 빼주셨습니다. 이것은 하나님께서 수넴 여자를 특별히 보호해 주셨다는 증거입니다.

하나님은 주를 사랑하는 의인이 악인과 함께 고통받는 것을 원치 않으십니다. 하나님께서는 소돔과 고모라를 멸망시킬 때에도 의인을 악인과 함께 죽이는 것이 부당하다는 아브라함의 탄원을 받아 주셨습니다(창 18:25-33; 19:15). 물론 하나님께서는 국가적인 차원의 재앙으로부터 의인들을 항상 별도로 보호하시지는 않습니다. 예를 들어 어떤 지역에 핵무기가 폭발한다면 그 지역에 사는 그리스도인들이라고 해서 특별히 보호된다는 보장이 없습니다. 그러나 수넴 여자의 경우에서 우리는 적어도 하나님이 주님을 사랑하는 성도들과 그렇지 않은 자들을 구별하신다는 사실을 확인할 수 있습니다.

하나님께서 소돔과 고모라를 멸망시키시려고 하셨을 때도 이 계획을 아브라함과 롯에게 미리 알려 주셨습니다. 그 결과 롯의 가족은 뒤를 돌아보지 말라는 경고를 무시했던 롯의 아내를 제외하고는, 모두 도피하여 멸망을 면하였습니다. 하나님께서는 주를 사랑하는 자들을 아끼십니다. 그래서 수넴 여자도 엘리사로부터 기근 예고를 미리 받았습니다.

예수님은 나사렛 회당에서 하나님의 특별한 배려를 받은 자들의 실례를 드실 때 두 사람을 지적하셨습니다.

✻ 엘리야 시대에 삼 년 육 개월 동안 비가 오지 않고 큰 흉년이 들었을 때 이스라엘에 많은 과부가 있었습니다. 그러나 하나님은 그들을 다 비켜 가시고 시돈 땅에 있는 사렙다의 한 과부에게만 엘리야를 보내서 돕게 하셨습니다(눅 4:25-26).

✻ 엘리사 시대에 이스라엘에 나병 환자가 많았지만 그중에 한 사람도 낫지 못하고 아람의 나아만 장군만 깨끗함을 받았습니다(눅 4:27).

수넴 여자의 경우도 이런 케이스라고 할 수 있습니다. 이스라엘 백성은 칠 년 기근으로 하나님의 심판을 받을 것이었습니다. 그러나 수넴 여자는 하나님께서 대피시켜 주셨습니다. 이것은 얼마나 놀라운 특권입니까! 하나님께서는 수넴 여자의 신실한 믿음과 선행을 기억하시고 칠 년이라는 긴 세월을 하나님의 심판 아래에 들어갈 이스라엘 땅에서 살지 않도록 긍휼을 베푸셨습니다.

셋째, 하나님께서는 주님을 신뢰하는 자녀들에게 더 높은 레벨의 믿음을 갖도록 인도하십니다.

수넴 여자가 어떻게 하나님을 신뢰했는지를 상기해 보십시오. 그녀는 자기 아들이 죽었을 때 하나님의 능력과 사랑을 믿었습니다. 그때 그녀는 엘리사를 떠나지 않고 끝까지 능력의 원천이신 하나님을 신뢰하였습니다. 그 결과 그녀는 죽었던 아들을 다시 살려 받았습니다. 이 일로 그녀는 히브리서의 믿음의 선열에 포함되었습니다.

> "여자들은 자기의 죽은 자들을 부활로 받아들이기도 하며…"(히 11:35).

여기서 '여자들'에는 수넴 여자가 분명히 포함되어 있습니다. 히브리서 11장에는 믿음의 선열들이 초상화처럼 걸려 있습니다. 이스라엘 역사 전체에서 가장 큰 믿음을 가졌던 하나님의 사람들을 열거한 목록은 아벨로 시작해서 노아, 아브라함, 요셉, 사무엘, 모세, 다윗 등과 같은 기라성 같은 대 인물들로 이

어집니다. 여기에 수넴 여자가 그들과 함께 믿음의 영걸로 예시 되어 있습니다.

그런데 이렇게 하나님을 깊이 신뢰하면서 사는 성도들을 하나님께서 어떻게 대하셨습니까? 우리는 그런 믿음의 사람들에게는 만사가 형통할 것으로 기대할지 모릅니다. 물론 하나님께서는 주님을 신뢰하는 자들을 궁극적으로 형통하게 하십니다. 그러나 그 형통에 이르기까지 만사가 불통하는 것처럼 보이는 때가 적지 않습니다. 하나님은 '과정'을 통해서 우리를 인도하십니다. 히브리서 11장에 나오는 믿음의 선열 중에서 한 사람도 만사형통으로 산 자가 없었습니다. 수넴 여자의 경우에도 '불통이라는 과정'을 거친 후에 형통하게 되었습니다.

우리는 '주께로 가까이 가오니'라고 찬송합니다. 그런데 주님이 어떤 방법으로 우리를 주께로 가까이 이끌어 가시는지에 대해서는 별로 생각해 보지 않습니다. 이 세상에서 하나님처럼 크고 많은 사랑을 부어 주시고 너무도 많은 불평을 듣는 분은 아무도 없습니다. 그 이유가 무엇일까요? 인기 품목으로 우리를 가까이 인도하시지 않기 때문입니다. 하나님께서 사용하시는 품목들의 이름은 '시련, 단련, 테스트, 기다리라, 지금은 안 된다, 나중에 보자' 등등입니다. 왜 그렇게 하실까요? 우리는 평안할 때에는 하나님께 가까이 나아가지 않습니다. 편하면 간절하지 않기 때문에 믿음이 깊어지지 않습니다. 그러나 시련이 오면 영혼의 졸음에서 깨어납니다. 우리가 그런 존재들입니다. 우리에게 왜 칠 년의 영적 수련이 필요할까요?

＊ 우리는 칠 년을 썩히고 있는 듯한 기간에 자신이 진실로 주님을 신뢰하면서 사는 사람인지를 확인하게 됩니다.

＊ 칠 년 동안 나의 자존심이 꺾여지고 주님 앞에 모든 것을 내려놓고 겸손히 엎드리게 됩니다.

＊ 믿음의 시련은 인내를 낳아 하나님이 약속하신 유업의 상을 받게 합니다(약 1:3; 히 6:12; 벧전 1:4, 7).

주님은 이러한 영적 축복을 위해서 사랑하는 자녀들에게 기근이 오면 칠 년이든 일 년이든 육 개월이든 나가 있으라고 하십니다. 주님은 우리의 믿음이 자라갈수록 일정한 기간의 시련을 주시고 우리를 밖으로 밀어내십니다. 그래서 나에게 왜 이런 시련이 오느냐고 묻기보다 영적으로 자라는 기회로 삼아야 합니다.

「아, 나에게 이런 시련이 오는 것을 보니 내가 그만큼 자랐다는 뜻이구나. 그래서 내가 더 높은 레벨의 믿음을 보여서 복을 받게 하시려는 귀한 기회인가 보다」

이렇게 생각하고 힘을 내어야 시련을 통해 하나님이 의도하신 축복에 이를 수 있습니다.

: 하나님이 허락하시는 시련이 올 때 믿음으로 순종하면 마침내 큰 복을 받습니다.

수넴 여자는 가족과 함께 기근 대피처로 가라는 말에 순종하였습니다. 아직 아무도 기근으로 굶어 죽는 자가 없었고 그녀의 농사나 생계에 별다른 위협이 없을 때였습니다. 그녀의 마음속에서 여러 가지 생각들이 오갔을지 모릅니다.

「혹 엘리사 선지자가 실수한 것은 아닐까? 내가 잘못 들은 것은 아닐까? 칠 년간 누구를 믿고 농토를 맡긴단 말인가? 기근이 와도 약속의 땅에서 죽어야 하는 것이 아닌가? 타국에 가서 무슨 일이 일어날지 누가 알겠는가? 혹시 내가 사고나 병으로 죽으면 아무도 모르는 곳에서 내 귀한 아들은 누가 돌보아 줄 것인가?」

수넴 여자는 이런 생각과 의심을 떨쳐버리고 엘리사의 말에 순종하였습니다. 한편, 여기서 그녀의 남편에 대한 언급이 없는 것으로 보아 수넴 여자는 이때 이미 과부가 되었던 것 같습니다. 그렇다면 과부로서 자식까지 데리고 타국으로 이주하는 것은 더 힘든 노릇이었을 것입니다. 그런데도 수넴 여자는 마치 아브라함이 그랬던 것처럼 사랑하는 사람들과 친척을 떠나기로 결정하였습니다. 그녀의 즉각적인 결정은 하나님의 말씀에 대한 전폭적인 신뢰가 없으면 불가능한 일입니다. 그녀는 칠 년 동안 과부로서 어떻게 자식까지 데리고 이방인의 땅에서 살 수 있느냐고 불평하지 않고 조용히 순종하였습니다.

"여인이 일어나서 하나님의 사람의 말대로 행하여"(2절).

이러한 순종은 어떤 결과를 가져올까요? 우리는 순종은 곧 축복이라는 등식에 익숙합니다. 이 공식은 맞는 것일까요? 우리의 삶에서 이 진리가 과연 어느 정도로 확인될 수 있을까요? 아마 대답하기가 좀 어려울지 모릅니다. 솔직히 말해서 대부분 우리는 이런 희생적이고 즉각적인 순종을 해 본 경험이 별로 없을 것이기 때문입니다. 그러나 우리의 적은 경험에 비추어 보아도 순종의 대가로 오는 축복은 우리가 기대하는 것과 상당히 거리가 있는 경우가 많습니다. 「순종=축복」이라는 등식은 원칙입니다. 그런데 이 원칙의 적용은 기계적인 것이 되어서는 안 됩니다.

✽ 순종이 주는 축복은 이 세상에서 받기도 하지만 주로 내세에서 상으로 받습니다(벧전 1:4; 마 6:20). 순종의 결과는 거의 즉각적인 열매를 거둘 때도 있지만, 대부분의 복은 미래에 거둘

약속으로 보아야 합니다.

  ✽ 때로는 순종의 결과가 복이 아니고 재앙처럼 보일 수도 있습니다. 수넴 여자의 경우가 바로 그런 것이었습니다.

  그러나 모든 순종은 궁극적으로 축복을 낳고 그리스도의 재림 때에 하나님의 "칭찬과 영광과 존귀"(벧전 1:7)를 받는다는 것이 성경의 가르침입니다.

  수넴 여자는 칠 년이라는 긴 세월을 블레셋에 가서 살았습니다. 우리는 그녀가 그곳에서 어떻게 살았는지 모릅니다. 분명 힘들게 살았을 것입니다. 당시에는 과부는 자선의 대상이었습니다. 더구나 그녀는 이스라엘 사람이었기 때문에 적국인 블레셋에서 고운 눈으로 호강을 시키지는 않았을 것입니다. 아무튼, 수넴 여자는 이방 나라에서의 힘든 칠 년을 다 채우고 무사히 귀국하였습니다.

  "칠 년이 다하매 여인이 블레셋 사람들의 땅에서 돌아와
  …"(3절).

  이것은 얼마나 아름답게 들리는 말인지 모릅니다. 성경에는 참 멋있고 감동적인 말씀들이 많습니다. 수넴 여자가 그냥 돌아와서 좋은 것이 아니고, 칠 년을 다 채우고 돌아왔기에 감동적

입니다. 그녀는 크나큰 테스트에 합격하였습니다. 그녀의 귀향은 개선 장군의 귀국 못지않습니다. 그녀는 여러 시련과 유혹을 다 이기고 끝까지 견뎠습니다. 이처럼 훌륭한 순종의 삶을 마치고 돌아온 수넴 여자에게 하나님은 무엇을 준비하고 계셨을까요?

하나님께서 그동안 어린 자식과 함께 남의 나라에 가서 고생하고 돌아온 착한 수넴 여자를 위해 어떤 좋은 선물을 준비하셨겠지요. 적어도 그녀가 그전처럼 염려 없이 다시 농사를 짓고 정상적이고 여유 있는 생활로 돌아가서 하나님을 계속 잘 섬길 수 있도록 예비하시지 않았겠습니까?

그런데 귀향해 보니까 어떻게 되었습니까? 자기 집과 전토를 다른 사람이 차지해버렸습니다. 너무도 어처구니없는 일이었습니다. 「명령+순종=축복」이라는 공식이 안 맞은 것이 분명합니다. 이럴 때 대부분 우리의 신앙은 무너져 버립니다. 아마 동네 사람들이 수군거렸을 것입니다.

「혼자 하나님 잘 믿는다면서 다 남겨 두고 블레셋으로 떠나더니 이제 가련한 신세가 되었지 뭐예요. 한때는 떵떵거리면서 엘리사 선지자를 모시고 엄청 영적인 척하더니 이제는 들어갈 집도 없게 됐지요. 믿어도 적당히 믿어야 하는 건데. 멀쩡한 사람이 선지자로부터 무슨 계시의 말씀을 들었다면서 다른 나라로 훌쩍 떠난 사람이잖아요. 그것이 어떻게 맨정신을 가진 사람이 할 수 있는 일이겠어요. 아무리 선지자가 기근을 예고했더라도 정말 믿음이 있었다면 약속의 땅을 떠나지 말았어야 하잖아요.」

「아니 칠 년 동안 통 소식도 없더니 갑자기 나타나서 내 집과 내 밭을 내놓으라고 하니 누가 내주겠어요. 극단적인 신앙은 이래서 위험하다니까요. 세상에 젊은 과부가 자식까지 데리고 블레셋까지 가야 할 이유가 어디에 있단 말예요. 계시를 들었느니 어쩌니 하는 것은 다 핑계고 무슨 숨길 일이 있어서 이민 갔다가 이제 돌아왔는지도 몰라요. 세상에 미치지 않고서야 약속의 땅을 저버리고 이방 나라인 블레셋으로 가서 칠 년씩 살다 오는 자가 어디 있단 말예요. 그러고서도 언약 공동체가 동족인 자기 재산을 가로챘다고 생각할 테지요. 사실 자기처럼 언약의 땅을 버리고 가는 사람의 집과 전토를 지켜줄 필요가 어디 있단 말예요. 우리는 그동안 기근으로 엄청난 고통을 받았는데 자기만 쏙 빠져나갔다가 이제 돌아와서 무슨 염치로 내 집 돌려 달라, 내 밭 내놓으라 하는 건지 모르겠어요.」

그녀는 다시 더 큰 시험에 직면하였습니다. 이 시험은 그녀가 기근으로 이스라엘을 떠나야 했던 시련보다 더 견디기 힘든 것이었습니다. 그녀는 이렇게 푸념할 수도 있었을 것입니다.

「어떻게 하나님께서 이럴 수 있단 말인가? 하나님의 말씀에 순종하여 사람들의 비웃음을 사면서 모든 재산을 놓아두고 블레셋으로 피신하지 않았는가? 이제 칠 년의 기근이 끝나 귀향했는데 왜 하나님께서 내 집과 전토를 지켜주시지 않았단 말일까? 언약 공동체라는 이웃들이 나의 온 재산을 삼켰는데도 하나님께서는 왜 보고만 계셨을까? 나는 이제 어디로 가야 하는가?」

주님을 순종하는 자녀들이 더러 망할 수 있습니다. 그러나 하늘 아버지는 망하시지 않습니다. 아버지가 망하시지 않았으면 자녀도 망한 것이 아닙니다. 단기적으로 보면 망한 것 같아도 결코 영원히 망한 것이 아닙니다. 하나님의 뜻인 줄 알고 순종했다가 망해 본 적이 있습니까? 이럴 때 우리가 기억해야 할 것이 있습니다. 그것은 하나님을 순종하는 자들에게는 믿음이 더 발휘될 수 있는 또 다른 축복의 기회라는 것입니다. 수넴 여자의 전 재산이 날라간 것은 하나님이 그녀를 노숙자가 되게 하시려는 뜻이 전혀 아니었습니다. 하나님께서는 그녀가 모든 것을 잃고 더 많은 것을 받게 하시려고 이런 일이 일어나는 것을 허락하셨습니다.

하나님은 수넴 여자가 얼마나 하나님을 사랑하는지를 잘 아셨습니다. 그래서 하나님께서는 그녀에게 마지막 시험을 거치게 하셨습니다. 그 시험은 순종의 결과로 재산이 다 날아가 버린 때에도 하나님을 원망하지 않고 신뢰할 수 있느냐는 것이었습니다. 만약 그렇게 할 수 있다면 놀라운 축복이 내릴 것이었습니다. 수넴 여자는 첫 시련이 왔을 때 당장 '내가 언제 아들 달라고 했느냐'고 항의했습니다(왕하 4:28). 그러나 이제는 전혀 그런 식의 말을 하지 않았습니다. 욥처럼 "주신 이도 여호와시요 거두신 이도 여호와시니 여호와의 이름이 찬송을 받으실지어다"(욥 1:21)라는 자세를 취하였습니다. 야고보는 이렇게 말했습니다.

"내 형제들아 너희가 여러 가지 시험을 당하거든 온전히 기쁘게 여기라 이는 너희 믿음의 시련이 인내를 만들어내는 줄 너희가 앎이라 인내를 온전히 이루라 이는 너희로 온전하고 구비하여 조금도 부족함이 없게 하려 함이라"(약 1:1-4).

우리는 누구나 다 복 받기를 원합니다. 누가 고난의 세월이 좋다고 자청할 자가 있겠습니까? 그러나 하나님이 주시는 복을 받고 더 풍성히 받으려면 칠 년 기근의 의미를 잘 파악해야 합니다.

첫째, 하나님께서 수넴 여자에게 기근을 예고하시고 피난하라고 하신 것은 단순히 굶어 죽지 않게 하려는 목적이 아니었습니다.

사실상 칠 년 동안 이스라엘에 기근이 있었지만, 아사자(餓死者)가 날 정도는 아니었습니다. 나중에 이스라엘 왕이 수넴 여자의 땅에 대한 판결을 내릴 때 그동안 그녀의 밭의 소출을 다 돌려주라고 명령한 것만 보아도 농사를 어느 정도 지어 먹을 수 있었음을 알 수 있습니다(왕하 8:6).

그럼 왜 구태여 하나님께서 수넴 여자를 이주하라고 하셨을까요?

우리는 여기서 신명기 28장의 말씀을 상기할 필요가 있습니다. 여기에는 하나님께 불순종해서 받는 저주의 목록이 나옵니다. 그 가운데 가뭄 재앙이 있습니다. 하나님과 언약을 맺은 백성에게 내리는 기근은 하나님의 저주에 해당합니다(신 28:22-24; 시 105:16). 이것이 요점입니다. 이스라엘은 가뭄으로 모두 굶어 죽지 않았습니다. 그러나 그들은 하나님께서 형벌로 내리시는 기근이라는 '저주 아래' 있었습니다.

그러니까 수넴 여자를 하나님께서 빼어내신 것은 반드시 굶어 죽기 때문이라기보다는 하나님께서 내리시는 저주의 영역에서 벗어나게 하려는 것이었습니다. 이스라엘 백성은 가뭄 속에서도 연명할 수 있었습니다. 그래도 그 땅은 칠 년 동안 하나님의 저주 아래 있을 것이기 때문에 하나님의 밝은 얼굴을 대하지 못하는 곳이었습니다. 수넴 여자는 칠 년 세월을 비록 블레셋이라는 이방 나라로 피신해서 고달픈 삶을 살게 되겠지만, 그 편이 오히려 복되다는 것이었습니다. 적어도 하나님의 저주가 내린 이스라엘 땅으로부터 피해서 살 수 있기 때문이었습니다.

다른 사람들의 눈에는 수넴 여자가 사서 고생을 하려고 블레셋으로 이주하는 것 같았을 것입니다. 그녀가 칠 년간 타국에서 지내는 것은 아까운 청춘을 다 날리는 어리석은 일처럼 보였을 것입니다. 그러나 하나님의 임재의 축복이 없는 땅에서 사는 것보다 차라리 이방 나라로 가서 머무는 것이 세월을 잘 보내는 것이었습니다.

수넴 여자는 하나님의 배려와 권고로 언약의 땅을 떠났기 때문에 하나님의 선한 뜻에 순종한 사람이었습니다. 그녀는 기근으로 하나님의 저주 아래로 들어간 이스라엘 땅을 하나님의 은혜로운 축도를 받고 떠난 셈입니다. 하나님께서는 우상 숭배를 하는 이스라엘 백성을 언약의 땅에서 징벌하셨지만, 수넴 여자는 이방 땅에서 보호를 받았습니다.

우리는 그냥 근근이라도 먹고 살 수만 있으면 된다고 생각할지 모릅니다. 그러나 중요한 것은 잘 먹느냐 못 먹느냐가 아니고 하나님의 축복의 영역에서 사느냐 아니면 하나님의 저주의 영역에서 사느냐 하는 것입니다. 열왕기하의 저자는 이스라엘 백성으로서 이방 땅으로 피신하는 수넴 여자를, 우상 숭배 때문에 하나님의 저주 아래 있는 이스라엘 땅의 나머지 백성들과 대조시켰습니다. 하나님께서는 신실한 자녀들을 항상 구별하여 보호하십니다.

둘째, 칠 년 기근의 또 다른 의미는 하나님께서 수넴 여자가 모든 것을 잃고 더 많은 것을 받게 하려고 이런 일을 허락하셨다는 것입니다.

3, 4, 5절을 주목하십시오.

"칠 년이 다하매 여인이 블레셋 사람들의 땅에서 돌아와 자기 집과 전토를 위하여 호소하려 하여 왕에게 나아갔더라 그 때에 왕이 하나님의 사람의 사환 게하시와 서로 말하며 이르되 너는 엘리사가 행한 모든 큰 일을 내게 말하라 하니 게하시가 곧 엘리사가 죽은 자를 다시 살린 일을 왕에게 이야기할 때에…"(3-5절)

'칠 년'과 '그 때'는 완벽한 매치입니다. 칠 년이 되어서 수넴 여자가 블레셋 땅에서 돌아왔고 또 '그 때에'(4절) 왕이 게하시를 불렀습니다. 그리고 또 게하시가 엘리사의 사역을 진술하면서 기적으로 수넴 여자의 아이를 살린 이야기를 왕에게 이야기할 '때에'(5절) 놀랍게도 수넴 여자가 자기 아들을 데리고 왕 앞에 나타나 집과 전토를 회복시켜 달라고 호소하였습니다. 하나님의 섭리의 때는 언제나 절묘하고 정확합니다. 우연의 일치 같지만, 이 우연은 하나님의 섭리의 결과입니다.

칠 년이 있었기에 게하시가 왕을 보러 왕궁으로 들어간 '그 때'가 있게 된 것입니다. 칠 년을 마치고 수넴 여자가 귀국했기에 하나님께서 그녀의 마음과 발길을 인도하여 왕궁으로 들어가게 하셨습니다. 바로 그 시점이 게하시가 왕에게 수넴 여자의 아들을 살린 이야기를 하던 때와 정확하게 일치합니다. 그렇다면 칠 년의 기근이 임의로 정해진 기간이 아니었음을 알 수 있습니다. 만약 수넴 여자가 칠 년을 채우지 못하고 돌아왔다면 이런 일이 일어날 수 없었을 것입니다. 우리는 이런 섭리의 때를 불신과 오래 참지 못함으로 얼마나 많이 놓치고 있는지 모릅니다.

하나님의 생각은 우리의 생각과 너무도 다를 때가 많습니다. 수넴 여자는 자신의 집과 전토가 하나님의 손안에서 안전할 것으로 여겼을 것입니다. 우리는 하나님을 순종하면 나머지는 하나님이 알아서 잘 처리해 주실 것으로 봅니다. 우리는 블레셋 땅으로 가면서 매우 담대한 모습을 보일 수 있습니다. 그러나 너무 간단하게 생각할 일이 아닙니다. 단순한 믿음은 좋지만, 깊이가 없으면 나중에 당황하게 됩니다. 수넴 여자는 순종 이후에 커다란 손실을 보았습니다. 그러나 그녀는 하나님을 신뢰하는 믿음이 있었기에 넋두리를 하거나 불평을 하지 않고 곧장 여호람 왕에게 가서 호소하였습니다. 여호람 왕은 억울한 자의 탄원을 잘 들어주는 인물이 아니었습니다. 그런데도 수넴 여자가 그 왕을 찾아간 것은 믿음의 행위였습니다.

한편, 하나님께서는 수넴 여자에게 복을 내리시기로 계획하셨습니다. 그런데 그 방법은 수넴 여자의 집과 전토가 날아가게 하는 것이었습니다. 그래서 하나님께서는 수넴 여자를 그녀의 집이 아닌, 이스라엘의 왕궁에서 만나기로 섭리하셨습니다. 수넴 여자가 찾아간 여호람 왕 뒤에는 왕 중의 왕이신 여호와가 좌정하고 계셨습니다. 하나님은 이스라엘 왕뿐만이 아니고 게하시 뒤에서 그들의 모든 스켸줄과 대화를 통제하셨습니다. 모든 것이 수넴 여자에게 초점이 맞추어진 일이었습니다.

하나님을 이런 식으로 만난 적이 있습니까? 이런 체험은 우리의 영혼에 불을 붙이고 하나님에 대한 신뢰를 강화합니다. 또

한, 믿음 생활에 활기를 불어넣고 하나님에 대한 확신을 배가시킵니다. 만약 그런 체험이 교회적으로나 개인적으로 없다면 그 원인을 어디서 찾을 수 있을까요? 대답은 간단합니다. 칠 년의 순종이 없고 그것이 주는 영적 의미를 모르기 때문입니다. 하나님께서는 때때로 우리에게 칠 년에 해당하는 믿음의 순종을 요구하십니다. 그럴 때 이를 밀어내지 말고 순순히 받아들이면 하나님을 기쁘시게 하고 마침내 곱절의 복을 받게 됩니다.

수넴 여자는 순종 이후에 자신이 가진 것을 다 잃었습니다. 그러나 하나님을 위해 잃어버리는 것은 여러 배로 늘려서 회수됩니다. 여호람 왕은 수넴 여자로부터 그녀의 죽은 아들이 다시 살아났다는 게하시의 말을 확인하고는 큰 감동을 받고 그녀의 모든 재산을 회복시켜 주었습니다. 그뿐만 아니라 그녀가 고향을 떠난 이후부터 현재까지 밭의 소출을 다 돌려받게 하였습니다(6절). 그녀는 농사지은 자에게 품삯을 준 것도 아니었지만, 손 하나 대지 않고 밭의 소출을 고스란히 되돌려 받았습니다. 기근을 미리 알려 주시고 피할 길을 주신 하나님은 기근 후의 위기에서도 구출하십니다.

수넴 여자의 이웃들은 그녀가 혼자 여호와의 말씀에 순종한답시고 적국인 블레셋으로 갔다가 돌아와서 노숙인이 된 사실을 잘 알고 있었습니다. 그런데 그들은 그녀의 전 재산이 왕의 특명으로 회복되는 것을 보고 매우 놀랐을 것입니다. 주를 위해서 낮아진 자들은 주님이 높여주십니다. "주 앞에서 낮추라 그리하면 주께서 너희를 높이시리라"(약 4:10).

우리는 칠 년의 기근이 없기를 바랍니다. 그러나 칠 년의 기근이 없으면 하나님을 왕궁에서 만나지 못합니다. 칠 년의 순종이 없다면 나의 잃은 것들을 환원시키며, 나를 크게 위로하시는 하나님의 놀라운 섭리의 선언을 듣지 못합니다. 하나님을 끝까지 신뢰하는 자들을 위해서 하나님께서는 크신 능력으로 쉬지 않고 역사하십니다. 하나님께서는 종종 불통의 과정을 통해서 형통에 이르게 하십니다. 「순종=축복」이라는 등식은 「순종⇒ 불통⇒ 형통」이라는 새로운 등식으로 수정될 필요가 있습니다.

우리는 수넴 여자의 믿음 생활에서 많은 격려를 받을 수 있습니다. 수넴 여자가 잃은 것은 모두 곱절의 축복으로 되돌아왔습니다. 그녀는 죽은 아들을 살려서 돌려받았습니다. 죽지 않고 그냥 사는 것보다 죽었던 아들이 다시 살아나는 것은 비교가 되지 않는 축복입니다. 그녀는 집과 전토를 다 잃었습니다. 그러나 왕명으로 다시 회수되었고 밭의 소출까지 덤으로 받았습니다.

잃었다가 다시 찾으면 원래의 가치가 여러 배로 높아지는 법입니다. 수넴 여자는 무엇을 더 받았습니까?

* 더 귀하게 된 아들을 갖게 되었고,
* 더 귀하게 된 집과,
* 더 귀하게 된 전토를 돌려받았습니다.

그리고 무엇보다도 수넴 여자는 하나님에 대해서 예전보다 훨씬 더 높고 더 깊은 차원의 영적 체험을 하게 되었습니다. 수넴 여자가 받은 은혜는 한 두 가지가 아닙니다. 하나님께서는 수넴 여자의 믿음이 더 높은 레벨로 올라가도록 섭리하셨습니다. 그녀는 모든 것을 다 잃고도 하나님을 신뢰할 수 있는 경지에 이르렀습니다. 그녀는 우상을 숭배하는 이스라엘 왕에게 자기 아들을 부활시킨 여호와 하나님의 기적을 확인시켜 주었습니다. 그녀는 후속 세대에게 하나님을 끝까지 신뢰하는 자에게 하나님께서 어떻게 갚으시는지를 보여 주는 빛나는 모범이 되었습니다. 그녀는 깊은 믿음과 아름다운 순종의 한 표본으로서 구약에서도 언급되었고 신약의 히브리서에서도 믿음의 영웅들에 들어가는 영예를 얻었습니다.

하나님을 공경하는 자들을 하나님께서는 대우해 주십니다. 주를 위해 잃으면, 여러 배로 늘려서 받습니다. 주를 위해 순종한 대가는 언제나 넘치는 은혜입니다. 하나님께서는 우리가 주님의 복음과 주님의 나라를 위해 다 잃게 하시고 더 넘치게 엎어서 주기를 원하십니다. 우리가 주님을 위해서 다 잃으면, 주님은 영원하고 썩지 않을 새 생명의 삶으로 갚아 주십니다.

수넴 여자는 자신의 것을 다 잃고도 예수님의 풍성한 생명을 구약 시대에 체험한 성도였습니다. 그녀의 체험은 신약 시대에 사는 우리에게 큰 모범과 도전이 되어야 합니다. 우리에게는 예수님의 더 분명한 가르침이 있기에 더 많이 잃고 더 많이 받을 수 있어야 합니다. 예수님은 우리가 "생명을 얻게 하고 더 풍성히 얻게"(요 10:10) 하려고 오셨습니다. 예수님의 넘치는 생명은 그를 항상 신뢰하고 따르는 성도들에게 부어집니다.

9장

엘리사와 하사엘

열왕기하 8:7~29

 엘리사

"엘리사가 다메섹에 갔을 때에 아람 왕 벤하닷이 병들었
더니 왕에게 들리기를 이르되 하나님의 사람이 여기 이르
렀나이다 하니 왕이 하사엘에게 이르되 너는 손에 예물을
가지고 가서 하나님의 사람을 맞이하고 내가 이 병에서
살아나겠는지 그를 통하여 여호와께 물으라…"(왕하 8:7-
9).

본 항목부터는 엘리사가 엘리야 선지자로부터 물려받은 하
나님의 두 가지 소명을 어떻게 성취해 가는지를 기술합니다. 이

소명의 하나는 하사엘이라는 인물을 아람(시리아) 왕으로 세우는 것이고, 다른 하나는 예후를 북부 이스라엘의 왕으로 세우는 일입니다. 이 일은 원래 엘리야가 하나님께로부터 받았던 소명이었습니다.

: 하나님의 심판은 작정된 일입니다.

엘리야가 받았던 소명은 하나님의 심판이 작정되었음을 말합니다.

> "여호와께서 그에게 이르시되 너는 네 길을 돌이켜 광야를 통하여 다메섹에 가서 이르거든 하사엘에게 기름을 부어 아람의 왕이 되게 하고, 너는 또 님시의 아들 예후에게 기름을 부어 이스라엘의 왕이 되게 하고 또 아벨므홀라 사밧의 아들 엘리사에게 기름을 부어 너를 대신하여 선지자가 되게 하라 하사엘의 칼을 피하는 자는 예후가 죽일 것이요 예후의 칼을 피하는 자를 엘리사가 죽이리라"(왕상 19:15-17).

하사엘의 칼과 예후의 칼과 엘리사의 사역을 통해 이스라엘에 대한 하나님의 심판이 집행될 것입니다. 그런데 엘리야 선지자는 이 세 가지 소명 중에서 엘리사를 자신의 후계자로 세웠지만 하사엘과 예후를 왕으로 세우는 일은 엘리사 선지자에게 남겼습니다.

엘리사는 지금까지 대부분 치유와 회복의 사역을 해 왔습니다. 예를 들어, 여리고 성읍의 오염된 물을 정화했고, 이스라엘이 모압과 싸울 때에 군사와 가축을 먹일 물이 없자 골짜기에 물이 가득 차게 하였습니다.

한 선지자 훈련생의 과부가 생활고로 호소했을 때 기름병이 넘쳐서 생계비가 마련되게 하였고, 수넴 여자의 불임을 고쳐 주었으며 그녀의 아들이 갑자기 죽었을 때 소생시켰습니다. 선지자 훈련생들의 국에 독이 들었을 때도 기적으로 해독을 시켰고, 보리 떡 이십 개를 늘려서 백 명이 먹고도 남게 하였습니다.

아람 왕의 군사령관 나아만의 나병을 치유해 주었고, 물에 빠트린 쇠도끼를 떠오르게 하였습니다. 아람 군대가 이스라엘을 침공하기 위해서 진을 치면 미리 알고 이스라엘 왕에게 정보를 주어 방비하게 하였고, 아람 군의 눈을 흐리게 하여 사마리아로 유인하였습니다. 사마리아가 아람 군대에 포위되어 극심한 기근을 당했을 때 아람군의 갑작스러운 퇴각을 통찰하고 하루 만에 식량난이 해결될 것이라고 예언하였습니다. 수넴 여자에게는 이스라엘에 칠 년 기근이 올 것을 알려주고 피신하게 하였습니다. 이러한 사역들은 모두 개인과 국가를 곤경으로부터 구출해 주는 일이었습니다.

　한편, 하나님의 사역을 의도적으로 방해하는 자들에게는 준엄한 심판을 내리기도 하였습니다. 예컨대 벧엘로 가는 길에서 아이들이 나와 그를 보고 조롱했을 때 여호와의 이름으로 저주하였고, 사마리아가 적군의 포위에서 풀려나 식량난이 해결될 것이라는 엘리사의 말을 비웃었던 이스라엘의 한 장관에게 죽음을 선포하였습니다. 또한 그의 시종 게하시가 나아만의 물품을 착복했을 때 나아만에게서 떠났던 나병이 그에게 들어가게 하였습니다.

　그러나 이러한 부정적인 사역은 지금까지는 드물었고 대부분 치유와 회복의 사역이었습니다. 반면, 엘리사의 후반기 사역에서는 심판의 측면이 두드러집니다.

　엘리사는 이스라엘을 벗어나 아람의 수도인 다메섹으로 갔습니다. 초청을 받은 것도 아닌데 호전적인 적국으로 혼자 들어가는 것은 위험하기 짝이 없는 일이었습니다. 더구나 아람의 벤하닷은 한 때 엘리사 선지자를 생포하라고 명령을 내렸던 왕이었습니다(왕하 6:13). 그럼 왜 엘리사가 다메섹으로 들어갔을까요? 아람의 하사엘에게 기름을 부어 왕이 되게 하는 소명을 이룰 때가 왔기 때문입니다. 이때를 어떻게 알았을까요? 분명 성령의 인도로 알게 되었을 것입니다. 그는 믿음으로 순종하여 위험한 사자 굴로 들어간 셈이었습니다.

그런데 엘리사의 다메섹 여행은 이스라엘의 입장에서 보아도 위험한 행보였습니다. 엘리사가 하사엘이 이스라엘을 괴롭힐 것을 알면서도 그에게 왕이 되도록 기름을 부을 목적으로 다메섹에 갔었다는 사실이 발각되면 어떻게 되겠습니까? 틀림없이 명백한 이적 행위가 될 것입니다. 이것은 이스라엘 왕의 진노를 일으키고 백성의 원성을 피할 수 없게 할 것입니다. 만일 엘리사가 이런저런 위험을 고려해서 다메섹으로 가지 않았다면 신변의 안전은 걱정할 필요가 없었겠지만, 하나님의 소명은 이루지 못했을 것입니다. 안전은 중요합니다. 무모하게 만용을 부리는 것은 어리석은 일입니다. 그러나 위험 부담을 각오하지 않으면 기회를 놓치게 되는 경우가 있습니다. 우리는 성령의 인도가 있으면 담대하게 하나님을 신뢰하고 나서야 합니다. 엘리사가 그렇게 했을 때 어떤 일이 일어났습니까? 하나님께서 엘리사를 보호하시고 섭리로 그의 소명이 성취되는 일을 도우셨습니다.

그래서 엘리사가 하사엘을 찾아다닐 필요가 없었습니다. 하사엘이 특별한 왕의 임무를 수행하기 위해 그를 조용히 찾아왔기 때문입니다. 이것은 우연이 아니고 하나님의 섭리였습니다.

그때 마침 벤하닷 왕이 병상에 있었습니다. 벤하닷은 엘리사가 자기 발로 다메섹까지 들어왔다는 정보를 듣고 내심 기뻤을 것입니다. 그는 분명 엘리사가 과거에 나아만 장군의 나병을 낫게 해 주었다는 사실을 기억했을 것입니다. 이제 그의 관심사는 엘리사를 생포하는 것이 아니었습니다. 그는 엘리사에게 호의를 베풀며 도움을 청해야 하는 처지가 되었습니다. 하나님은 때가 되면 언제든지 주권적인 섭리로 상황을 역전시킬 수 있습니다. 벤하닷의 병은 하나님께서 하사엘을 왕으로 삼기 위해서 사용하시는 소재가 되었습니다.

벤하닷이 엘리사에게 자기 병의 회복 여부를 묻기 위해 하사엘을 보낸 것은 자연스런 절차였습니다. 그러나 그의 질병과 하사엘 뒤에는 보이지 않는 하나님의 섭리가 작용하고 있었습니다. 하나님께서 엘리사를 다메섹에 보내신 것은 이러한 상황이 하나님의 섭리에 의해서 준비가 되었음을 말합니다. 하사엘이 벤하닷의 질병으로 엘리사 선지자를 만난 일은 그를 아람 왕으로 삼으라는 하나님의 뜻이 이루어지기 위한 결정적인 계기가 되었습니다.

여기서 우리가 배워야 할 교훈이 있습니다. 하나님께서는 우리에게 소명을 주시고 성령으로 인도하십니다. 우리가 하나님의 명령에 순응하면 받은 소명을 성취할 수 있도록 하나님께서 여러모로 섭리하십니다. 생각하지 못했던 사람을 만나서 도움을 받기도 하고, 새로운 상황이 유리하게 일어나기도 합니다. 엘리사는 하사엘이 자기 발로 찾아온 것을 보고 그에게 기름을 부을 때가 되었다는 것을 직감했을 것입니다. 엘리사는 이때 성령의 감동을 받고 벤하닷 왕과 하사엘에 대한 메시지를 전했습니다.

> "엘리사가 이르되 너는 가서 그에게 말하기를 왕이 반드시 나으리라 하라 그러나 여호와께서 그가 반드시 죽으리라고 내게 알게 하셨느니라"(10절).

벤하닷은 이방 왕입니다. 자기 나라의 림몬 신당이 있음에도 엘리사 선지자에게 자기 병의 회복 여부를 물은 것은 매우 가상합니다. 여호와 하나님을 섬겨야 할 이스라엘 백성은 바알 신에게 가서 묻는데 오히려 적국의 왕이 여호와의 선지자에게 "낙타 사십 마리"(9절)의 많은 예물을 보내면서 물었습니다. 이것은 아합의 아들이었던 아하시야 왕이 난간에서 떨어져 병들었을 때 "에그론의 신 바알세붑에게 이 병이 낫겠나 물어 보라"(왕하 1:2)고 말했던 사건을 연상시킵니다. 그때 엘리사는 왕이 침상에서 내려오지 못하고 반드시 죽을 것이라고 하였습니다 (왕하 1:4, 6, 16). 이스라엘에 하나님의 사람이 있음에도 불구하고 이스라엘 왕은 바알 신을 의지하였지만 벤하닷은 이스라엘의 하나님이 주실 말씀을 찾았습니다.

하나님의 백성은 우상 신을 섬기는데 이방 신을 섬기는 적국의 왕은 오히려 이스라엘의 선지자를 알아보고 대접하였습니다. 이것은 하나님의 심판의 때가 무르익었다는 하나의 징표입니다. 하사엘이 벤하닷 왕의 특사로서 많은 예물을 들고 엘리사를 찾게 된 것은 이스라엘에 대한 심판의 신호탄입니다.

선지자가 자기 나라에서 대접을 받지 못하는 것은 하나님의 얼굴에 침을 뱉는 일입니다. 예수님을 유대인들이 어떻게 대하였습니까?

> "예수를 배척한지라 예수께서 그들에게 말씀하시되 선지자가 자기 고향과 자기 집 외에서는 존경을 받지 않음이 없느니라"(마 13:57).

> "어떤 사람은 그에게 침을 뱉으며 그의 얼굴을 가리고 주먹으로 치며 이르되 선지자 노릇을 하라 하고 하인들은 손바닥으로 치더라"(마 14:65).

유대인들은 예수님을 성문 밖으로 끌어내어 십자가에 못 박았습니다. 예수님은 예루살렘을 내려다 보시면서 "선지자들을 죽이고 네게 파송된 자들을 돌로 치는 자"라고 한탄하시면서

"너희 집이 황폐하여 버리진 바 되리라"(마 23:37)고 예언하셨습니다. 하나님은 자기 백성의 죄악을 오래 참으십니다. 그러나 죄가 넘치면 반드시 심판하십니다. 하나님의 사람들을 박해하고 푸대접하는 것은 심판을 자초하는 일입니다(마 23:34). 오늘날에도 희석되지 않은 복음을 전하는 하나님의 사람들은 푸대접을 받지만 거짓된 가르침으로 기독교를 상업화하는 종교 세일즈맨들은 인기리에 잘 먹고 잘삽니다. 그러나 그들과 그들의 부패한 복음을 따르는 자들은 하나님의 심판 아래 있습니다.

: 이방인의 막대기와 하사엘의 모반

엘리사가 벤하닷에게 준 메시지는 모순처럼 들립니다. 벤하닷이 '반드시 나으리라'고 하고서 곧이어 '반드시 죽으리라'고 했기 때문입니다. 이것은 처음에는 회복이 되지만 나중에는 죽게 된다는 말이 아닙니다. 나중에 누구나 다 죽게 되는 것을 누가 모르겠습니까? 이런 것은 예언의 말씀이 될 수 없습니다. 모순처럼 들리는 엘리사의 메시지는 그가 하사엘에게 한 말에서 본뜻을 포착할 수 있습니다.

> "네가 그들의 성에 불을 지르며 장정을 칼로 죽이며 어린 아이를 매치며 아이 밴 부녀를 가르리라"(12절).

엘리사는 이 말을 하기 전에 하사엘의 얼굴을 민망할 정도로 뚫어지게 쏘아보다가 울었습니다. 그는 하사엘이 앞으로 이스라엘 자손에게 행할 악독한 행위들을 성령의 비춤으로 다 보았기 때문입니다. 그는 하사엘에게 "여호와께서 네가 아람 왕이 될 것을 내게 알게 하셨느니라"(13절)고 말했습니다. 하사엘은 엘리사의 말을 듣고 자신이 "개 같은 종"(13절)에 불과한데 어떻게 그런 엄청난 일을 행하겠느냐고 자신을 비하했습니다. 그러나 엘리사의 말은 그의 심중에 있는 생각을 들추어낸 것이었습니다. 하사엘은 사람들을 무참하게 살육하고 성을 파괴하며 약탈하는 일을 "큰일"(13절)이라고 생각하였습니다. 하사엘은 잔인무도한 인간이었습니다. 그는 왕이 되어 세력을 잡은 뒤에 닥치는 대로 사람들을 죽이는 것을 '큰일'로 꿈꾸는 야심가였습니다. 그는 자신이 생각하는 '큰일'은 행할 수 있을지 몰라도 일국의 왕으로서의 품위나 인격이 없는 일개 졸부였습니다. 앗수르의 한 비문에는 "보잘것없는 사람의 아들인 하사엘이 왕권을 잡았다'고 기록되어 있습니다. 하사엘은 자신을 힘이 없는 '개'와 같다고 했지만 내심으로는 개에 해당하는 권력욕에 불타고 있었습니다.

하사엘의 손에는 아직은 권력이 잡히지 않았습니다. 그러나 날이 새면 그의 야심이 현실로 드러나고 덮어 두었던 잔인성의 마각이 드러날 것이었습니다. 권력이 일단 내 손에 들어오면 내가 어떤 사람인지 밝혀집니다. 자비한 자는 자신의 권력으로 자비를 베풀고, 잔인한 자는 악독한 행동을 합니다. 내 손에 잡힌 권력은 내가 속으로 하고 싶었던 일들을 선악 간에 드러냅니다. 내 손에 잡힌 권력은 나의 속 모습을 노출하는 반사경입니다. 내가 가진 파워는 그것이 부모로부터 물려받은 특권이든지, 자신의 직책이 주는 것이든지, 혹은 정치적 파워든지 나에게 책임을 지워줍니다. 이에 대해 각자가 행한 대로 하나님의 심판을 받을 것입니다.

역사적으로 보면, 우리나라를 포함해서 하사엘처럼 자신들의 성품이나 능력의 한도를 훨씬 넘어가는 커다란 권력을 손에 쥔 용렬한 인간들 때문에 국민이 큰 고통을 겪습니다. 세계 역사는 이런 무지하고 잔혹한 독재자들에 의해서 피로 물들었습니다. 또한 탐욕과 극도의 이기심에 사로잡힌 무법한 개인들이 이웃과 사회를 해치며 파렴치한 축재를 하면서 선량한 사람들의 인생을 망치게 하는 일도 빈번합니다.

그런데 놀라운 것은 하나님께서 자기 백성을 심판하실 때에 세상의 악인들을 도구로써 사용하신다는 사실입니다. 예로써, 하나님은 앗수르를 자신의 "진노의 막대기"(사 10:5)로 사용하셨고, 바벨론을 "철퇴"(렘 51:20)로 사용하셨습니다. 느브갓네살 왕은 "내 종"(렘 25:9)이라고 하셨으며 바사 왕인 고레스를 "내 목자"(사 44:28)며 "나의 기름 부음을 받은 고레스"(사 45:1)라고 불렀습니다. 고레스 왕은 하나님의 감동을 받고 유다 백성을 예루살렘 성전 재건을 위해 귀국시켰습니다(대하 36:22-23). 그러나 그들이 지나쳐서 교만하게 되었을 때 그들의 악행들이 그들의 머리로 돌아가서 긍휼 없는 심판을 받게 하셨습니다(약 2:13)

이제 엘리사가 벤하닷에게 준 메시지의 본뜻이 자명해졌습니다. 엘리사는 하사엘의 마음속에서 불타오르는 권력욕의 야심을 직시하였고 그가 벤하닷을 살해할 작정을 한 것도 알았습니다. 그러니까 벤하닷의 병은 죽을병이 아니지만 하사엘에 의해서 살해된다는 뜻입니다. 만일 하사엘이 벤하닷을 암살하지 않았다면 그는 회복이 되었을 것입니다. 하사엘은 왕위를 찬탈하기 위해 얼마든지 더 살 수 있는 벤하닷을 암살하였습니다(15절). 물론 하나님께서 하사엘이 아람 왕이 될 것을 엘리사에게 알리셨지만, 이것은 하사엘의 암살을 지시한 것도 아니고 그런 행위를 인정한 것도 아니었습니다.

하나님의 작정은 인간의 책임을 배제하지 않습니다. 하사엘이 아람 왕이 되는 것이 하나님의 작정된 뜻이지만, 하사엘이 벤하닷을 암살하고 왕이 되려는 것은 전적으로 그가 책임을 져야 할 일이었습니다. 하나님께서는 하사엘을 자신의 의지와 반대로 암살을 강요하신 것이 아닙니다. 그런데도 하나님께서는 인간의 사악한 행위도 하나님의 목적을 위해서 사용되게 하십니다.

독재자들은 하루라도 빨리 권력을 손에 쥐려고 합니다. 하사엘은 엘리사와의 대면 이후 그 이튿날에 벤하닷을 질식시켜 죽이고 왕이 되었습니다. 불행하게도 벤하닷 곁에는 하사엘 자신의 표현대로 '개 같은' 인간이 병상의 시중을 들고 있었습니다.

하사엘은 자기 왕에게 돌아가서 그가 반드시 회복될 것이라는 말을 전달했지만 엘리사의 다음 말인 "그러나 여호와께서 그가 반드시 죽으리라고 내게 알게 하셨느니라"(10절)는 내용은 알리지 않았습니다. 그는 왕이 혹시 눈치를 채면 자신의 의중에 있는 살해 계획이 사전에 발각될 것을 염려했을 것입니다. 그는 진실과는 거리가 먼 자였습니다. 그러나 그가 하나님의 방법대로 일이 되도록 기다렸다면 엘리사의 말을 왕에게 솔직하게 전했다고 해서 그가 아람 왕이 안 되지는 않았을 것입니다.

: 심판대와 임종의 준비

여기서 우리는 임종을 앞둔 사람들을 어떻게 대해야 하는지를 잠시 생각해 볼 필요가 있습니다. 벤하닷은 엘리사 선지자에게 자신의 회복 가능성에 대해 물었습니다. 질병으로 고통받는 환자들이 원하는 것은 말할 나위 없이 낫는 것입니다. 그러나 치유보다 더 중요한 것은 죽음에 대한 준비입니다. 어떤 준비일 까요? 무엇보다도 하나님과의 관계에서 영적인 준비가 되어야 합니다. 무엇보다도 정리되지 못한 자신의 죄를 모두 회개하고 용서를 받아야 합니다.

> "사람이 한 번 죽는 것은 정해진 일이요, 그 뒤에는 심판 이 있습니다"(히 9:27 새번역).

우리는 사후에 하나님의 심판대 앞에 서게 될 것이며 우리가 행한 대로 상벌을 받게 될 것입니다(계 22:12; 롬 14:10). 하나님의 뜻에 어긋난 삶을 살았다면 주께로 마음을 돌리고 깊이 회개하는 시간을 가져야 합니다. 때로는 몸이 너무도 쇠약하고 정신적으로 혼미하여 아무것도 할 수 없는 지경에 이를 수 있습니다. 또는 갑자기 숨이 끊어지기도 합니다. 그러므로 죽음에 대한 준비는 평소에 날마다 하면서 살아야 합니다. 특히 임종을 앞둔 때에는 속히 하나님과의 관계를 바르게 잡고 평안한 마음으로 소망을 품고 죽음을 맞이해야 합니다.

주님은 자비하셔서 회개하는 모든 죄를 용서하십니다. 잘못한 일들에 대해서 칭찬과 상은 받지 못할지라도 회개한 죄는 하나님께서 심판하기 위해서 다시 들추어내시지 않습니다. 십자가의 피는 우리의 온갖 죄를 말끔히 다 씻겨주기 때문입니다. 우리는 육신의 치유를 받지 못하고 죽을지라도 용서받은 양심으로 주님께 돌아가야 합니다.

그런데 죽음을 앞둔 자에게 죽을 것이라고 말하는 것은 쉬운 일이 아닙니다. 이것은 민감한 사안이기에 지혜가 필요합니다. 사람들은 환자에게 사실을 말하면 충격을 주어 상태가 더 나빠질까 봐 두려워합니다. 물론 예외적인 경우도 있지만 죽음이 임박하다고 판단되는 상황에서는 환자가 아무런 준비가 없이 운명하도록 그냥 넘어가는 것은 바람직하지 않습니다. 막연하게 나을 것이라고 위로하거나 하나님이 낫게 해 주실 것이라는 말을 인사말처럼 쉽사리 할 것이 아닙니다. 사실, 많은 경우에 시각을 다투는 중환자를 위해서 하나님께서 기적을 일으켜 달라고 기도하지만, 기도자의 마음에는 그런 확신이 없습니다. 그래서 돌아서면 '아마 얼마 남지 않은 듯하다'고 염려합니다. 이렇게 하기보다는 당사자에게 구원의 확신과 복음의 소망에 대해서 말하고 기회를 얻어 사후에 대한 성경의 가르침을 상기시키는 것이 좋습니다.

평안함이 없는데 평안이라고 말하는 것은 헛된 일입니다(렘 6:14). 누구나 평안을 바라지만 진정한 평안은 영혼의 평안이어야 합니다. 우리는 환자를 격려해야 하지만 거의 회복되기 어려운 중환자에게 나을 것이라는 말만 하는 것이 유일한 격려는 아닙니다. 죽을 수도 있다는 가능성을 비치고 하나님 나라의 영광에 대해서 소망을 갖게 하며 본인의 영적 상태에 대해서 자신을 돌아보게 해야 합니다. 그래서 임종의 때가 오기 전에 구원의 확신 속에서 주님을 뵈올 용기를 심어주도록 도와야 합니다. 이렇게 하는 것은 결코 쉬운 일이 아니지만 매우 중요한 일이기에 하나님께 지혜를 구하며 성령의 인도 하심을 따라야 합니다.

부정적인 메시지는 긍정적인 메시지를 전하기보다 훨씬 더 어렵습니다. 만약 엘리사가 벤하닷에게 예물을 받고 좋게만 말했다면 어떻게 되었을까요? 일반적으로 생각한다면 마음이 편하고 인기도 더 있었을지 모릅니다. 그러나 엘리사는 하나님의 사람이었습니다. 참된 하나님의 사람은 하나님의 메시지를 가감 없이 그대로 전합니다. 그가 만약 벤하닷에게 죽을 것이라는 성령의 음성을 전달하지 않았다면 마음이 편하기는커녕 커다란 죄책감을 느꼈을 것입니다.

오늘날의 교회 강단에서는 지옥에 대한 설교를 거의 들을 수 없습니다. 하나님의 심판대도 대부분 사라졌습니다. 많은 교인이 죽으면 곧바로 천국에 들어간다고 믿습니다. 물론 그리스도를 구주로 믿는 자들은 천국에 들어갑니다. 그러나 성경은 우리가 모두 하나님의 심판대 앞에서 바른대로 말해야 한다고도 말합니다. 성경을 믿는다고 하면서 실제로 보면 성경을 믿지 않는 듯한 태도를 보입니다. 성경의 말씀이 하나님이 주신 진리라면 취사선택의 여지가 없습니다. 그리스도를 대속주로 믿으면 천국에 들어간다는 말씀만 취하면 곤란합니다. 교인들을 포함해서, 모든 인간이 하나님의 심판대 앞에 서야 한다는 말씀도 함께 취해야 합니다. 천국을 믿으면 지옥과 심판도 믿어야 합니다.

목회자들은 징계나 경고, 죄와 지옥을 설교하는 것을 싫어합니다. 반응이 좋지 않기 때문입니다. 그래서 인기 위주의 설교에는 부정적인 측면의 메시지가 들어가지 않습니다. 그들의 가르침은 예수 믿으면 물질의 복을 받고 세상에서 성공한다거나 혹은 하나님의 사랑을 감상적으로 적용합니다. 미국의 한 대형 교회 설교자가 인터뷰에서 많은 청중을 끄는 비결이 무엇이냐는 질문을 받았습니다. 그의 대답은 즉석에서 간단하게 나왔습니다.

「사람들은 세상에서 이미 많은 어려움을 겪고 삽니다. 나는 그들을 위로해야 합니다. 그래서 나는 청중이 원하는 것을 줍니다」

그러나 복음 설교자는 청중이 듣고 싶어 하고 원하는 것을 주는 것이 아니라, 하나님께서 우리에게 주고 싶어 하시고 원하시는 것을 전해 주는 사람입니다. 복음은 내가 취사선택하여 편집하는 것이 아닙니다. 우리는 하나님의 사랑도 믿어야 하지만 하나님의 심판도 믿어야 합니다. 우리는 그리스도 안에서의 자유도 믿어야 하지만 그리스도의 종이라는 사실도 믿어야 합니다. 우리는 하늘 아버지의 자비하심도 믿어야 하지만 아버지께서 주시는 징계도 믿어야 합니다.

그리스도를 따르는 기쁨과 함께 고난도 받게 하는 것이 하나님의 뜻입니다. 내가 듣고 싶고 내가 원하는 것이 채워져야 복이 있고 성공한 것이 아닙니다. 하나님께서 나에게 들려주시고 원하시는 것을 받아야 참된 복입니다. 복음은 축복과 저주, 천국과 지옥의 양면적인 메시지를 담고 있습니다. 하나님께서 원하시는 것은 죄인들이 예수 그리스도의 십자가를 믿고 영생의 복을 받는 것입니다. 그러나 이 복을 각색하여 믿으면 오히려 화가 됩니다. 지옥에 대한 가르침도 덮어두면 화가 됩니다. 하나님의 심판대도 없는 듯이 무시하면 화를 자초합니다.

한 번 받은 구원은 영원합니다. 그러나 하나님의 심판대는 영원한 구원을 받았다고 믿는 사람들의 믿음의 진위성을 가려내고 그들의 삶의 질을 평가하게 될 것입니다. 우리는 복음을 윤색하거나 원하는 것만 믿지 말아야 합니다. 복음을 잘 먹고 잘사는 비법으로 생각하는 것도 잘못된 것입니다. 벤하닷처럼 자신의 영적 상태와 하나님과의 관계에는 관심이 없고 오직 자기 병만 낫는 일을 전부로 여기면 화를 당합니다. 하사엘처럼 하나님의 말씀을 듣기 좋은 부분만 전하고 나머지 듣기 힘든 부분을 감추면 심판을 받습니다.

우리는 누구를 본받아야 하겠습니까? 위로와 회복의 메시지를 전할 뿐만 아니라 심판의 메시지도 전하는 엘리사 선지자를 본받아야 합니다. 우리는 엘리사의 후기 사역에서 얼마나 철저하고 신실하게 하나님의 심판의 막대기가 되고 있는지를 확인할 수 있습니다. 하나님께서는 일찍이 그가 아합 왕가와 이스라엘을 심판하는 일에서 일역을 담당할 것을 엘리야 선지자에게 예고하셨습니다. "…하사엘의 칼을 피하는 자는 예후가 죽일 것이요 예후의 칼을 피하는 자를 엘리사가 죽이리라"(왕상 19:15-17).

한편, 우리는 가감 없이 전하는 엘리사 선지자의 메시지뿐만 아니고 하나님의 심판을 받는 백성의 비참한 운명을 생각하면서 흘리는 그의 눈물도 본받아야 합니다.

"하나님의 사람이 그가 부끄러워하기까지 그의 얼굴을 쏘아보다가 우니"(8:11).

엘리사는 잔인무도한 하사엘에 의해서 이스라엘이 당할 참극의 현장을 미리 보았습니다. 하사엘은 이스라엘의 많은 성읍을 파괴하고 젊은이들을 칼로 죽이며 아이들을 메어쳐 죽이고 임신한 여자들의 배를 가를 것이었습니다. 엘리사는 하사엘에 의해 집행될 이스라엘에 대한 심판의 참상 앞에서 눈물을 흘리지 않을 수 없었습니다. 그가 하사엘에게 아람의 왕이 될 것이라고 알려 주는 순간부터 이스라엘에 대한 하나님의 심판 나팔이 울렸습니다. 하나님의 사람은 심판의 메시지도 반드시 전해야 합니다. 그러나 악인의 죽음을 기뻐할 수는 없습니다. 하나님께서는 악인이 죽지 않고 회개하여 살기를 원하십니다.

> "주 여호와의 말씀이니라 내가 어찌 악인이 죽는 것을 조금인들 기뻐하랴 그가 돌이켜 그 길에서 떠나 사는 것을 어찌 기뻐하지 아니하겠느냐"(겔 18:23).

하사엘과 예후의 사역은 악을 벌하기 위해서 하나님이 허락하신 권세들입니다(롬 13:3-4). 이들은 잔악한 자들이었지만 이스라엘의 바알 숭배는 너무도 심각해서 과격한 조치가 필요하였습니다. 그런데도 엘리사는 이들에게 기름을 붓는 일을 기쁜 마음으로 행하지 않았습니다. 그는 하나님의 백성이 혹독한 벌을 받지 않으면 안 되는 현실을 너무도 마음 아프게 여기며 울었습니다. 이것이 참 선지자의 모습입니다(렘 9:1).

악인들의 온갖 불의로 고통당하는 사람들을 생각하면 지옥이 있다는 사실이 감사하게 느껴질지도 모릅니다. 지옥의 존재는 하나님의 공의의 한 증거입니다. 어떤 설교자는 눈물을 머금지 않는다면 지옥 설교를 할 수 없다고 하였습니다. 예수님은 예루살렘 성이 파멸되고 수많은 사람이 학살당할 것을 내다보시면서 깊이 탄식하셨습니다. 물론 예수님을 배척한 사람들이 받을 하나님의 심판이었지만 결코 즐거워할 일은 아니었습니다 (마 23:37-39).

오늘날의 교회 현실을 놓고 비판하는 사람들이 적지 않습니다. 비판을 받아 마땅한 일들이 한두 가지가 아닙니다. 그러나 엘리사나 예레미야처럼 교회 갱신을 위해 주야로 울며 하나님께 탄원하는 자들이 얼마나 되겠습니까? 우리는 옳고 그른 것을 분별할 줄 알아야 합니다. 그러나 마음이 굳어져서 악인들의 운명을 보고도 눈물을 흘릴 수 없는 무정한 사람들이 되지 않도록 하나님의 자비를 구해야 합니다.

한편, 우리 자신에 대한 죽음도 항상 준비하고 살아야 합니다. 우리는 혼자 죽습니다. 죽음의 현장에 아무리 사랑하는 자들이 있다고 하여도 제삼자가 나의 죽음에 동참할 수 없습니다. 내가 마지막 호흡을 할 때 다른 사람이 대신해 줄 수 없습니다. 많은 무리와 함께 죽어도 죽음은 언제나 개인적인 것입니다. 우리는 하나님의 심판대를 홀로 직면해야 합니다. 마지막 심판대에서 오직 나 홀로 하나님 앞에서 자신이 행한 일들을 사실대로 고백해야 합니다. 그렇다면 죽음의 준비는 미리미리 하면서 살아야 합니다. 사람들은 죽음을 준비한다고 하면 집안 정리를 하거나 유서를 써놓는 정도로 생각합니다. 그러나 무엇보다도 나의 죄를 고백하고 죄에서 돌아서야 합니다. 이 일은 나 홀로 결정해야 합니다. 다른 사람은 그렇게 하라고 격려는 할 수 있어도 내가 하나님 앞에서 해야 할 일을 대행해 줄 수는 없습니다. 나만이 나의 죄를 고백하고 새 삶을 살아야 합니다. 죽음이 임박해서 회개하기보다 건강할 때 날마다 회개하는 습관을 길러야 합니다.

우리가 주 예수를 나의 주님으로 분명히 믿고 마음으로 영접했다면 구원은 잃지 않습니다. 우리는 하나님 앞에 그리스도의 의를 입고 서게 될 것이기에 결코 정죄 받지 않습니다(롬 8:1). 그러나 우리가 그리스도 안에서 무엇을 어떻게 하고 살았는지는 평가를 받아야 합니다. 이 시간은 언제라도 올 수 있습니다. 주님을 위해 날마다 사는 거룩하고 헌신 된 삶이 없거나, 주님과 멀리 떨어져서 세속에 빠져 살거나, 깨끗하지 못한 양심으로 살면 자신의 죽음을 준비하고 사는 것이 아닙니다. 그러다가 어느 날 지상에서의 삶이 끝나면 주님의 심판대 앞에서 크게 당황하고 두려워하게 될 것입니다. 신자가 구원을 잃기 때문이 아닙니다. 그러나 준비하고 살지 않았다면 하나님의 칭찬을 받지 못하고 유업의 상을 상실하게 될 것입니다. 우리는 주님의 심판대 앞에서 자신의 수치로 움츠러드는 일이 없어야 하겠습니다(요일 2:28). 나의 죽음이 하나님께서 귀히 여기시는 의로운 자의 죽음이 되도록 하십시다.

> "경건한 자들의 죽음은 여호와께서 보시기에 귀중한 것
> 이로다"(시 116:15)

10장
예후의 등장
열왕기하 9장, 10장, 13:14~17

Elisha 엘리사

"선지자 엘리사가 선지자의 제자 중 하나를 불러 이르되 너는 허리를 동이고 이 기름병을 손에 가지고 길르앗 라못으로 가라 거기에 이르거든 님시의 손자 여호사밧의 아들 예후를 찾아 들어가서 그의 형제 중에서 일어나게 하고 그를 데리고 골방으로 들어가 기름병을 가지고 그의 머리에 부으며 이르기를 여호와의 말씀이 내가 네게 기름을 부어 이스라엘 왕으로 삼노라 하셨느니라 하고 곧 문을 열고 도망하되 지체하지 말지니라 하니"(왕하 9:1-3)

: 하나님은 악인도 심판의 도구로 사용하십니다.

하사엘은 자기 왕을 질식사로 죽이고 아람 왕이 되었습니다. 이제 엘리사 선지자가 눈물을 흘렸던 것처럼, 이스라엘 백성에게 참혹한 심판의 그림자가 짙게 드리워졌습니다. 여호와 하나님을 떠나 우상 숭배에 푹 빠졌던 이스라엘 백성은 하사엘의 칼에 무참하게 죽을 것입니다. 하사엘은 이스라엘을 자주 공격하여 큰 피해를 주었고 요람 왕에게 부상을 입혔으며(왕하 8:28; 9:14-15) 광범위한 영토를 빼앗았습니다(왕하 10:32-33).

한편, 요람 왕과 이스라엘 백성은 하사엘을 통한 하나님의 무서운 징계로 나라가 쑥대밭이 되었음에도 회개하지 않았습니다. 하나님은 이제 오므리 왕조에 대한 철저한 파멸을 위해 예후에게 기름을 부어 이스라엘 왕이 되게 하셨습니다. 예후는 오므리 왕조에 속한 요람 왕의 장군이었습니다.

하사엘과 예후는 하나님이 배도한 이스라엘을 징계하기 위한 회초리로써 사용하시는 국내외의 도구들이었습니다. 하나님께서는 자기 백성이라고 해서 적당히 넘어가시지 않습니다. 물론 오래 참으시지만, 정도가 지나치면 그들의 죄를 여러 가지 형태로 징계하십니다(히 12:5-6; 고전 5:4-5). 이스라엘의 경우에는 국가적인 차원에서 가뭄, 외적의 침입, 포로로 잡혀가는 것

등으로 나타났습니다. 그런데 하나님의 징계는 즉흥적인 것이 아니고 미리 경고하고 예언하신 것들입니다. 하사엘과 예후가 각기 아람과 이스라엘의 왕이 되어 하나님의 징계의 막대기가 될 것은 엘리야 선지자에게 진즉에 주셨던 말씀이었습니다(왕상 19:15).

이것은 무엇을 의미합니까? 하나님께서는 아브라함의 말처럼 "세상을 심판하시는 이"기 때문에 "정의로 행"(창 18:25)하십니다. 회개하지 않는 죄는 반드시 심판을 받습니다. 용서받지 못한 죄는 하나님의 마음에서 지워지지 않습니다. "하나님의 진노가 불의한 행동으로 진리를 가로막는 사람의 온갖 불경건함과 불의함을 겨냥하여 하늘로부터 나타납니다."(롬 1:18). 하나님께서는 자기 백성에게는 징계를 내리시고 불신자들에게는 영원한 심판을 하십니다. 하나님의 진노는 심판이 집행될 때까지 꺼지지 않습니다. "우리 하나님은 소멸하는 불"(히 12:29)이십니다. 이스라엘의 우상 숭배는 이미 예정된 대로 하사엘과 예후에 의해서 벌을 받게 될 것이었습니다.

현대 사회에도 우상 숭배로 가득합니다. 가나안 땅에 있었던 맘몬 신과 바알 신이 세상을 지배하고 있습니다. 맘몬은 돈의 신이며 바알은 섹스의 신입니다. 권력에 굶주린 현대판 하사엘과 예후들이 권력을 잡기 위해 맘몬 신과 바알 신을 매매합니다. 오므리의 후손들은 요람 왕의 죽음으로 멸종이 된 것이 아니고 현대판 바알주의 문화 속에서 번창하고 있습니다. 회개하지 않는 오므리 후손에게는 하나님의 진노의 포도주잔이 대기 중입니다.

돈과 섹스와 권력으로 대표되는 현대 우상들은 새로운 것이 아닙니다. 이것들은 고대로부터 인간 사회를 지배해 온 사탄의 도구들입니다. 이들은 서로 주고받으면서 이익을 남기는 동업자들입니다. 그러나 사람들을 짓밟고 하나님을 무시하며 복음에 대항하는 세력들은 "하나님의 진노의 포도주"(계 14:10)를 마시고 "불과 유황으로 고난"(계 14:10)을 받을 것입니다.

오므리 왕조의 철저한 파멸은 세상에 올 하나님의 진노의 무서운 심판을 예시합니다. 많은 사람이 목숨이 끊어지면 모든 것이 끝이라고 생각합니다. 그렇지 않습니다. "한번 죽는 것은 사람에게 정해진 것이요 그 후에는 심판이 있으리라"(히 9:27)고 했습니다. 죽은 자들은 누구나 다 부활하여 하나님의 마지막 심판을 받을 것입니다. 하나님을 대항하고 주 예수를 믿지 않은 자들은 모두 불못에 던져질 것입니다. 이것이 "둘째 사망"(계 20:13-14; 21:8)입니다. 한번 죽으면 그 다음에는 아무것도 없는 것이 아닙니다. 비록 이 세상에서 오므리 왕조처럼 심판을 받았더라도 사후에 부활하여 하나님의 심판대 앞에 서야 합니다.

예후가 이스라엘의 왕이 된 즉시 피비린내 나는 살육이 잇달 았습니다. 예후는 요람과 그와 함께 있었던 유다왕 아하시아를 죽였고 늙은 악녀 이세벨은 내시들이 창밖으로 내리던져 예언 대로 개들이 뜯어 먹었습니다(9:10, 30-37; 왕상 21:24). 개에게 먹 혀 시신이 없어지면 장사를 지낼 수 없으므로 가장 수치스러운 죽음으로 여겼습니다(왕하 9:34-36; 왕상 14:11; 16:4). 아합의 왕자 칠십 명도 사마리아 왕궁의 관리들이 죽였고, 아합 가문의 귀족 들과 바알 제사장들도 모두 살해되었습니다(10:7, 11, 17, 18-28).

우리가 세상 역사와 현실을 보면 악인들이 반드시 현세에서 죗값을 치르지 않는다는 것을 알 수 있습니다. 대부분은 빠져나 간다고 보아야 합니다. 그러나 하나님의 정의의 심판은 공정하 므로 죄인들은 거룩하신 하나님의 눈을 절대로 피할 수 없습니 다. "피흘림이 없은즉 사함이 없느니라"(히 9:22)고 했습니다. 주 예수의 피를 믿고 회개하지 않으면 나 자신의 피를 흘려야 합니 다. 하나님께서는 세상을 사랑하셔서 예수님의 피로써 죄가 씻 겨질 수 있는 십자가 길을 열어 두셨습니다. 그런데도 예수님의 피를 거절하는 자들은 자신들의 피를 흘리게 하여 죄의 삶을 사 망으로 갚게 하십니다(롬 6:23). 이 사망은 단순히 목숨이 끊어지 는 것이 아니고 하나님의 엄위하기 짝이 없는 마지막 심판대 앞 에서 모든 죄를 자백하고 지옥의 형벌을 받는 것입니다.

예수님의 피는 하나님이 받으시는 속죄의 피입니다. 주 예수를 구속주로 믿으면 모든 죄의 용서와 함께 의롭다는 선언을 받습니다. 예수님의 피로써 의롭게 된 자들만이 하나님께서 전적으로 만족하시고 자녀로 삼으십니다. 이들에게는 정죄가 없고 지옥의 심판이 없습니다.

: 하나님의 예언은 늦게라도 성취됩니다.

엘리야 선지자는 악독한 이세벨의 위협을 피해 호렙 산으로 도망하여 굴속에서 머물렀습니다. 그때 여호와께서 그에게 다메섹으로 가서 하사엘에게 기름을 부어 아람 왕이 되게 하고 또 예후에게 기름을 부어 이스라엘 왕이 되게 하라고 지시하셨습니다. 그런데 하사엘과 예후의 칼을 피하는 자를 엘리사가 죽일 것이라고 하였습니다(왕상 19:15-17). 이것은 이스라엘의 우상 숭배에 대한 심판이었는데 특별히 오므리 왕조를 겨냥한 것이었습니다. 오므리의 아들은 아합이었고 왕비는 시돈의 악녀인 이세벨이었습니다(왕상 16:29-31). 이들의 후손이 오므리 왕조를 이어오면서 여호와 종교를 박해하고 바알 종교를 국교처럼 삼고 악행을 쌓았습니다.

그런데 엘리야는 엘리사를 자신의 후계자로 세우는 일만 수행하고 하사엘과 예후에게는 기름을 붓지 않았습니다. 이것은 표면적으로 보면 엘리야의 불순종처럼 보입니다. 그러나 엘리야와 엘리사가 받은 사역의 연속성을 고려하면 엘리야의 소명이 그의 후계자인 엘리사에게 이양되었다고 볼 수 있습니다. 그런데 엘리사도 하사엘과 예후를 아람과 이스라엘의 왕으로 각기 세우는 일을 자신의 후반기 사역 때까지 미루었습니다. 그 까닭이 무엇이었을까요?

첫째, 아합이 나봇의 포도원을 빼앗은 일로 하나님의 정죄를 받았을 때 일시적이나마 베옷을 입고 금식한 적이 있었습니다. 그래서 하나님께서는 그의 시대에 재앙을 내리지 않고 그의 아들들의 시대에까지 유예 기간을 허락하셨습니다(왕상 21:27-29). 이 때문에 하사엘에게 왕이 되도록 기름을 붓는 일은 엘리야 시대를 넘어가는 일이었습니다.

둘째, 예후에게 기름을 붓는 일도 하사엘이 아람 왕이 되는 일과 연결된 사건입니다. 그래서 하사엘에 대한 소명의 지연은 예후를 이스라엘의 왕으로 세우는 일을 늦추게 하였습니다. 예후가 아합 왕족들을 몰살시키는 일은 이스라엘에 대한 하사엘의 공격이 선행되어야 했습니다. 하나님께서는 하사엘의 손에 쥐여주신 이방의 막대기를 먼저 사용하실 것이었습니다.

셋째, 엘리사가 자신의 사역 후반기가 올 때까지 하사엘과 예후를 왕으로 세우지 않은 것은 자신의 갱신 사역이 열매를 맺을지 모른다는 일루의 희망을 품었기 때문인지 모릅니다. 그는 평생을 이스라엘의 회복을 위해 헌신해 왔기에 하사엘이나 예후와 같은 잔인한 인물들이 이스라엘에 끼칠 끔찍한 만행을 막을 수 있기를 소원하며 시간을 끌었을 가능성이 있습니다. 그러나 그의 지연은 성령의 강력한 지시가 있었을 때 더 이상 지속될 수 없었던 것으로 보입니다. 그는 마침내 다메섹으로 가서 하사엘에게 그가 왕이 될 것을 알렸습니다.

넷째, 하나님께서 하사엘을 아람의 왕으로 세우기 위해 엘리사를 성령의 감동으로 움직이게 하셨다면, 예후를 이스라엘의 왕으로 세우는 일에도 하나님의 섭리가 작용했음을 알 수 있습니다. 우선 예후는 이스라엘의 군대장관이었는데 그와 그의 군사들이 길르앗 라못에 있었습니다(9:1-3). 이곳은 이스라엘의 요람 왕이 머물던 이스르엘에 있는 여름 궁궐에서 약 45마일 떨어진 곳이었습니다. 이 정도면 안전 거리였기에 요람 왕이 모르게 예후에게 기름을 부을 수 있었습니다.

이 당시에 요람 왕은 유다의 아하시야 왕과 함께 시리아(아람)를 막기 위해 전쟁에 나갔다가(8:28) 부상을 입고 길르앗 라못에 있는 그의 군대를 떠나 이스르엘로 돌아와 치료 중이었습니다. 요람 왕의 부상은 예후의 쿠데타가 성공할 확률을 높여 주었습니다. 마침 유다 왕 아하시야도 요람의 병문안을 위해 이스르엘에 와 있었습니다. 아하시야는 이스라엘의 태후 이세벨의 외손자였습니다. 그의 부친이었던 여호람이 이세벨의 딸인 아달랴와 결혼한 까닭에 남부 유다도 북부 이스라엘처럼 바알 경배에 물들었습니다(왕하 8:17-18, 26, 27). 하나님께서는 이제 이들을 모두 죽이시려고 한 곳으로 모이게 하셨습니다. 이세벨도 이스르엘에 있었고 아합 가문에 속한 귀족들과 바알 제사장들도 모두 같은 장소에 있었기에 몰살하기가 쉬웠습니다(왕하 9:24, 27; 10:11).

하나님이 섭리하시면 예상치 못했던 일들이 초점을 맞추며 발생합니다. 하나님께서는 예후를 통해서 아합 왕가와 이세벨의 영향으로 바알 경배에 물든 유다 왕까지 죽이기 위해서 두 왕을 한 자리로 모으셨습니다. 그 결과 북이스라엘과 남부 유다가 새 왕을 모시고 새롭게 시작될 수 있는 계기가 되었습니다. 하나님께서는 불경한 사람들도 권력의 자리에 앉히시고 과격한 성격과 악행을 사용하여 새로운 상황을 일으키십니다. 하나님께서는 죄를 심판하시고 새 출발의 기회가 생기게 하십니다. 이것은 하나님이 역사의 주인이시며 주권자이심을 입증합니다.

그러니까 예후에게 기름을 붓는 일이 지연된 까닭은 여러 가지 인간적인 요인이 작용했다고 보아야 합니다. 그런데 결정적인 요인은 아합 왕가의 진멸을 위해 가장 적합한 때를 하나님께서 환경적으로 섭리하시고 통제하신 것이었습니다. 하나님은 인간의 죄악을 오래오래 참으십니다. 그러나 돌이킬 수 없는 지경에 이르면 무서울 정도로 작정된 일을 철저하게 결행하십니다. 예후는 요람 왕과 이세벨과 아합의 왕자 칠십 명이 살해된 후에 이렇게 증언하였습니다.

> "그런즉 이제 너희는 알라 곧 여호와께서 아합의 집에 대하여 하신 말씀은 하나도 땅에 떨어지지 아니하리라 여호와께서 그의 종 엘리야를 통하여 하신 말씀을 이제 이루셨도다 하니라"(10:10).

: 평범한 사람도 하나님의 큰 소명을 성취할 수 있습니다.

왜 엘리사는 자신이 직접 예후에게 기름을 붓지 않고 한 선지자 수련생에게 위임했을까요? 비밀리에 행해야 할 일이기 때문입니다. 하사엘의 경우에는 엘리사가 다른 나라로 건너가서 행한 일이었고 더구나 하사엘이 엘리사를 찾아 왔습니다. 그러나 이스라엘에서는 엘리사가 직접 나서면 그가 누구라는 것을 백성이 다 알고 있기 때문에 사전에 의심을 받고 탄로가 날 것이었습니다. 특히 전쟁 중이므로 엘리사의 거동은 금방 사람들의 시선을 끌었을 것입니다. 그래서 그는 안보를 위해 알려지지 않은 한 선지자 수련생을 대신 보냈습니다.

여기에 한 가지 교훈이 있습니다. 예후에게 기름을 붓는 일은 아합 왕가에 대한 하나님의 엄중한 심판을 집행하려는 것이었습니다. 만약 이 일이 잘못되면 커다란 재앙이 올 것이었습니다. 관련자들이 모두 처형될 것이고 엘리사마저 왕권 찬탈 주모자로 체포될 것이 분명합니다. 그런데 이 중대한 일을 일개 선지자 수련생이 맡았습니다. 물론 신임할 수 있는 수련생이었겠지만 세상눈에는 그저 한 사람의 선지자 생도에 불과했습니다.

하나님께서는 평범한 사람도 큰일을 위해 사용하십니다. 하나님을 섬기는데 신분이나 인기나 학력이 높아야만 되는 것은 아닙니다. 엘리사의 수련생은 이름도 알려지지 않았지만, 이스라엘 역사에서 바알 숭배자들을 제거하는 정화 사역의 중요한 일익을 감당하였습니다. 예후도 엘리사가 보낸 이 존재 없는 한 선지자 수련생 앞에 머리를 숙이고 기름 부음을 받았습니다. 그리고 이 수련생의 입을 통해 전달된 명령에 순종하여 아합 왕가를 빈틈없이 박멸하였습니다(9: 7-9).

> "너는 네 주 아합의 집을 치라 내가 나의 종 곧 선지자들의 피와 여호와의 종들의 피를 이세벨에게 갚아 주리라…

이스르엘 지방에서 개들이 이세벨을 먹으리니 그를 장사
할 사람이 없으리라 하셨느니라"(9:7)

한 선지자 수련생이 담대하게 하나님의 말씀을 받은 대로 선
포했을 때 어떤 일이 일어났습니까? 이스라엘의 해묵은 악행이
속속들이 처단되는 심판의 막이 열렸습니다. 엘리사의 수련생
은 엘리사의 지시에 따라 목숨을 걸고 결행하였습니다. 그의 충
성스러운 봉사는 하나님으로부터 상을 받게 할 것입니다.

아합과 이세벨은 바알 종교를 국가적인 차원에서 후원하였
고 여호와의 선지자들을 박해하는 일에 투신하였습니다. 그렇
다면 하나님의 자녀들이 그들을 이기려면 그들 이상으로 여호
와께 투신해야 합니다. 엘리사의 선지자 수련생은 굳은 각오로
말씀을 가감 없이 전하였습니다. 그의 행위는 예후의 쿠데타가
실패하면 그들과 함께 죽을 것을 각오한 순종이었습니다. 하나
님께서는 이렇게 복음을 전하는 자들을 지금도 쓰시기를 기뻐
하십니다. 우리는 어쩌면 너무 몸을 도사리는지 모릅니다. 우
리는 엘리사의 수련생처럼 담대히 말씀을 받은 대로 전해야 하
고, 예후처럼 명령받은 말씀은 빈틈없이 실천해야 합니다. 하나
님께서는 그런 종들을 잊지 않고 칭찬하시며 상을 주십니다(히
6:10). 예후에게 내린 하나님의 칭찬을 들어보십시오.

"여호와께서 예후에게 이르시되 네가 나 보기에 정직한 일을 행하되 잘 행하여 내 마음에 있는 대로 아합 집에 다 행하였은즉 네 자손이 이스라엘 왕위를 이어 사대를 지내리라 하시니라"(10:30).

그런데 놀라운 것은 이 보상의 약속이 주어진 말씀에서 예후의 죄들도 지적되었다는 사실입니다. 그는 벧엘과 단에 있는 금송아지를 섬기는 죄에서 "완전히 돌아서지는 못하였고"(10:29), "하나님의 율법을 지키는 일에 마음을 다 기울이지는 못하였습니다"(10:31, 새번역). 그렇지만 예후는 아합 왕가에 대한 하나님의 명령은 타협 없이 준행하여 바알 종교를 이스라엘에서 쓸어 내었습니다(10:28). 그래서 그는 이스라엘의 새로운 왕조의 시조가 되고 그의 후손이 사 대씩이나 왕위에 앉게 되는 축복을 받았습니다. 이것은 하나님께서 우리의 허물과 죄악에도 불구하고 우리가 주님을 위해서 행한 일에 대해서는 후한 보상을 하신다는 것을 가르쳐 줍니다. 예후 왕조가 사 대까지 가는 것은 집권 기간으로 보면 북이스라엘 왕조 중에서 최장이었습니다.

우리는 하나님을 완전하게 섬기지는 못합니다. 그렇다고 해서 포기할 것이 아닙니다. 우리의 극히 작은 선행과 순종도 후하고 너그럽게 칭찬해 주시고 상주기를 기뻐하시는 하나님의 후한 성품을 신뢰하고 더욱 주님을 잘 섬기는 것이 성도의 마땅한 자세입니다(히 11:6).

: 하사엘과 예후의 악행은 하나님의 뜻에
순종한 것일까요?

하나님은 엘리사를 통해서 하사엘과 예후가 왕이 되게 하셨습니다. 하사엘의 경우에는 그가 이스라엘 백성에게 커다란 피해를 줄 것이라고 예고되었고 예후의 경우에는 직접 아합 왕가를 파멸시키라는 소명을 주었습니다. 그렇다면 이들이 폭력으로 왕권을 빼앗고 많은 사람을 무자비하게 죽인 일은 하나님의 뜻을 이룬 것으로 보아야 합니다. 이렇게 되면 그들에게 책임을 물을 수 없지 않을까요? 하사엘과 예후가 하나님의 칼로서 사용된 도구라면 그들의 잘못이 없다고 보아야 할 듯합니다. 그들이 악한 마음을 가진 것도 그들의 소명에 필요한 부분이 아니었을까요? 하사엘은 엘리사로부터 그가 행하게 될 여러 악행에 대해서 듣고 자신이 즉시 그런 일을 실천해야 한다는 자극을 받았을지 모릅니다. 예후도 아합 왕가를 치라는 명령을 받았으니까 마음대로 친 것이 아닐까요?

우리는 하나님의 형벌의 도구로 사용되는 것과 자신이 원래 가진 악한 성품과 야심을 구별해야 합니다. 하나님은 아무에게도 죄를 짓도록 유혹하거나 자극하시지 않습니다(약 1:13). 하사엘은 엘리사로부터 아람 왕으로 세움을 받았다는 말을 듣고 다음 날로 곧장 병석에 있는 벤하닷을 암살하였습니다. 그는 하나님의 인도를 기다리지 않았습니다. 이것은 그가 원래 정권욕에 사로잡혀 있었음을 시사합니다. 그는 이미 자기 왕을 암살할 마음을 품고 있었던 차에 엘리사의 말을 듣고 자신의 야욕을 정당화시켰습니다. 그러나 하나님이 그에게 벤하닷 왕을 살해해도 좋다고 하신 것이 아니고 하사엘이 원래 자기 마음으로 원하는 일을 하도록 벤하닷을 그에게 넘겨주었을 뿐이었습니다.

예수님은 유다에게 "네가 하는 일을 속히 하라"(요 13:27)고 하셨습니다. 이것은 예수님이 유다가 죄를 짓도록 강요하거나 오도하신 것이 아니었습니다. 주님은 단지 유다가 예수님을 배신하고 팔려는 그의 사악한 계획에 그를 넘기신 것이었습니다. 하나님은 주권자이십니다. 세상에 존재하는 그 어떤 일도 하나님께서 주권적으로 자신의 목적 성취를 위해 사용하실 수 있습니다. 이것은 악까지도 하나님의 뜻 안에서 특별한 목적에 이바지할 수 있음을 의미합니다. 그렇다고 해서 악이 악이 아닌 것이 아니며 악인이 하나님의 심판에서 면책되는 것도 아닙니다.

"안일한 여러 나라들 때문에 심히 진노하나니 나는 조금

노하였거늘 그들은 힘을 내어 고난을 더 하였음이라"(슥 1:15)

인류의 역사는 예후나 하사엘과 같은 인물들이 권력을 잡고 남용하기 때문에 많은 사람의 삶이 무너지고 사회가 더러워집니다. 그러나 그들이 하나님께서 맡기신 지팡이의 역할을 오용하고 교만해지면 하나님의 심판에서 면제될 수 없습니다.

예를 들어, 사무엘 시대에 이스라엘 백성은 주변 국가들처럼 왕을 원하였습니다(삼상 8:5). 하나님께서는 왕을 원하는 것은 하나님을 밀어내는 일이라고 하셨습니다. 그런데도 하나님께서는 그들이 원하는 왕을 주셨습니다. 초대 왕은 사울이었습니다. 백성이 다 그를 좋아했음에도 사울 왕은 백성에게 복이 되지 못하였습니다. 광야 백성이 고기를 원했을 때 하나님은 메추라기를 실컷 먹게 하셨습니다. 그러나 그들은 하나님의 진노로 큰 재앙을 당하였습니다(민 11:4, 18, 33).

하사엘은 벤하닷의 왕좌를 원하였습니다. 하나님은 이를 허락하시고 이스라엘에게 채찍이 되게 하셨습니다. 그러나 때가 되어 하나님이 하사엘의 집에 불을 보내셨습니다(암 1:4). 그의 무자비한 살육이 하나님의 뜻을 넘어섰기 때문입니다.

예후가 왕을 죽이려고 한 것은 자신의 소원이었고 내심의 계획이었습니다. 하나님은 예후의 포악한 성격을 이용하여 바알 숭배자들인 오므리 왕조를 종식할 것이었습니다. 하나님은 경건치 못한 자를 국가의 지도자로 택하실 수 있습니다. 예후는 자신을 여호와 종교의 개혁자로 자처하며 우상 숭배자들을 단호하게 처단하였습니다. 예후는 아합 왕가를 철저히 파멸시킨 대가로 사 대에 이르는 왕권을 약속받았습니다. 그러나 자신과 그의 왕조를 이은 후손이 아합 왕가를 망치게 한 우상 숭배에서 손을 씻지 못하였습니다. 결국 사 대에 걸친 예후 왕조는 이스라엘에게 복을 가져오지 못하였습니다. 하나님께서는 우리가 원하는 것을 주시고서 우리를 징계하실 수 있습니다.

"광야에서 욕심을 내며 사막에서 하나님을 시험하였도다 그러므로 여호와께서는 그들이 요구한 것을 그들에게 주셨을지라도 그들의 영혼은 쇠약하게 하셨도다"(시 106:14-15).

하나님은 원수들의 진노를 구원 사역을 진행하는 수단으로 자주 역용하십니다. 하사엘과 예후는 엘리사 선지자를 통해 하나님의 일을 처리하기 위해 따로 세운 자들이었습니다. 이들은 악할지라도 그들의 악행은 하나님의 주권적인 통제로 은혜롭고 선한 목적에 사용됩니다. 가룟 유다는 예수님을 팔았습니다. 그러나 하나님은 유다의 배신이 십자가 구원의 목적을 이루는 결정적인 계기가 되게 하셨습니다. 독재 정권은 자유 민주주의의 길을 터놓는 경우가 적지 않습니다. 중세기 가톨릭의 교권주의와 부패는 종교개혁의 도화선이 되었습니다. 악이 이기는 듯한 때는 희망이 없어 보입니다. 그러나 하나님의 시간표에서 보면 에머슨의 말대로 "한 해의 수확을 죽이는 서리는 메뚜기를 죽임으로써 백 년의 수확을 거두게 합니다."

: 요아스 왕의 심방은 엘리사 선지자의 가치에 대한 인정입니다.

"엘리사가 죽을 병이 들매 이스라엘의 왕 요아스가 그에게로 내려와 자기의 얼굴에 눈물을 흘리며 이르되 내 아버지여 내 아버지여 이스라엘의 병거와 마병이여 하매"(13:14).

엘리사는 아합 왕으로부터 요아스 왕에 이르기까지의 장기간에 걸친 사역 후에 죽음의 병상에 눕게 되었습니다. 그의 나이는 적어도 80세를 족히 넘었을 것으로 짐작됩니다. 그의 병상 스토리는 그의 성품과 그의 헌신의 성격을 선명히 반영해 줍니다.

＊ 요아스 왕은 엘리사 선지자를 존경하였습니다.

그는 왕임에도 몸소 엘리사 선지자를 찾아왔습니다. 그는 눈물을 흘리며 엘리사를 '내 아버지'라고 부르면서 '이스라엘의 병거와 마병이여'라고 외쳤습니다. 이스라엘의 왕 중에서 어떤 왕도 하나님의 선지자에게 이런 식으로 찾아와서 자신의 슬픔과 존경을 드러내지 않았습니다. 죽은 자들을 보고 '잘 갔다'고 시원하게 생각하는 경우가 적지 않습니다. 특히 독재 정권의 지도자들은 죽고 나면 그런 평가를 받게 마련입니다. 자기 죽음을 슬퍼하는 자가 없는 것은 서글픈 일입니다. 이세벨의 딸과 결혼했던 유다의 여호람 왕에 대해서 역대하 저자는 이렇게 기록하였습니다.

> "여호람이 왕이 되었을 때 그는 서른두 살이었다. 그는 예루살렘에서 여덟 해 동안 다스리다가, 그의 죽음을 슬프게 여기는 사람도 없이 세상을 떠났다. 사람들이 그를 '다윗 성'에 묻기는 하였으나 왕실 묘지에 장사하지는 않았다."(대하 21:20, 새번역)

요아스의 숨은 동기가 어떻든지 우리는 요아스의 눈물과 엘리야에 대한 평가를 순전히 위장된 슬픔이나 아첨의 말이라고 보아서는 안 됩니다. 물론 그는 우상 숭배자였습니다(13:11). 그러나 그는 엘리사가 하나님의 사람임을 인정하였습니다. 그는 엘리사를 "이스라엘의 병거와 마병"(14절)이라고 했는데 공교롭게도 이 표현은 엘리사가 자신의 멘토인 엘리야의 승천을 보고 외쳤던 말과 일치합니다(왕하 2:12). 위대한 선임자에 대한 평가를 후임자가 그대로 받는 것은 영예로운 일이 아닐 수 없습니다. 엘리사에 대한 요아스의 외침은 공치사가 아니었습니다.

엘리사는 이스라엘을 적군으로부터 항상 보호하였습니다. 그는 모압과의 전쟁에서 이스라엘과 동맹군들을 구출하는 기적을 행하였습니다(왕하 3:5-.27). 또한, 단신으로 벤하닷의 전략을 미리 이스라엘 왕에게 알려 주어 공격을 피하게 하였습니다(왕하 6:8-10). 또한, 아람 군대의 눈을 흐리게 하여 사마리아로 유인하였고(왕하 6:8-23) 사마리아가 아람 군의 포위를 당하여 굶어 죽어갈 때 적군이 갑자기 퇴각하게 될 것도 알려 주었습니다(왕하 7:1, 18). 그는 과연 이스라엘의 병거와 마병이었습니다.

✻ 요아스 왕은 자신과 국가 안보에 위협을 느꼈을 때 엘리사를 찾았습니다.

이스라엘의 병거와 마병으로 여겼던 엘리사 선지자의 임박한 임종은 요아스 왕으로 하여금 국가 안보의 중대한 위기를 의식하게 하였습니다. 그는 평소에는 군대를 보강하거나 엘리사의 자문을 받지 않다가 갑자기 큰일이 터지자 당황하였습니다.

그는 이제부터 엘리사가 없이 국방을 혼자 책임질 일이 난감하기 짝이 없었습니다.

우리도 유사한 상황에 부닥칠 수 있습니다. 내가 믿고 의지했던 사람이 갑자기 도울 수 없는 처지가 되거나, 나의 재산이 날아가거나, 암에 걸렸거나, 잘 알지 못하는 일에 대한 결정을 내려야 할 때 크게 당황하고 불안해합니다. 이럴 때 우리는 요아스 왕처럼 엘리사를 찾아가야 합니다. 지금은 물론 우리가 선지자를 찾아다닐 필요가 없습니다. 이제는 예수님이 우리의 대선지자입니다(막 6:4; 눅 24:1). 예수님은 또한 우리의 연약함을 동정하시는 하늘의 대제사장이시기에 우리가 담대하게 은혜의 보좌로 나아가면 때를 따라 주시는 도움을 받을 수 있습니다(히 4:14-16). 요아스는 엘리사를 찾아갔을 때 큰 도움을 받았습니다.

그런데 요아스는 우유부단하였고 하나님께 지은 죄를 자복하지 않았습니다. 엘리사는 즉시 요아스 왕에게 아람 국에 대한 지시를 내렸습니다. 요아스는 자신의 처지를 한탄하기보다 그를 넘보는 원수들을 직시하고 엘리사의 명령을 따라야 했습니다. 그는 엘리사의 죽음으로 오게 될 국가적 손실을 놓고 우는 일을 그쳐야 했습니다. 지금은 과거의 실패나 현재의 위기를 놓고 울며 넋두리를 할 때가 아니었습니다. 그는 당장 군사 훈련을 시키고 방어 작업에 착수해야 했습니다.

하나님의 명령을 실천에 옮기는 것이 눈물을 흘리는 것보다 더 나은 회개의 표시입니다.

: 엘리사는 요아스 왕을 격려하며 승리를 보장해 주었습니다.

"엘리사가 그에게 이르되 활과 화살들을 가져오소서 하는지라…. 이는 여호와를 위한 구원의 화살 곧 아람에 대한 구원의 화살이니 왕이 아람 사람을 멸절하도록 아벡에서 치리이다 하니라"(13:15-17).

첫째, 엘리사는 두려움과 슬픔에 잠긴 요아스 왕을 탓하거나 냉대하지 않았습니다.

엘리사는 사실상 요아스 왕을 견책할 수 있는 이유가 얼마든지 있었겠지만, 그에게 한 마디의 책망이나 원망의 말을 하지 않았습니다. 요아스 왕이 정말 엘리사 선지자가 하나님의 사람이라는 것을 믿었다면, 우선 우상 숭배에서 떠났어야 했고 하나님의 뜻대로 나라를 다스리기 위해 엘리사 선지자의 영적 자문을 받았어야 했습니다. 그리고 그는 하사엘의 공격이 하나님께서 불순종하는 이스라엘을 질책하시는 것으로 깨닫고 속히 우상에서 돌아서는 전국적인 회개 운동을 추진했어야 했습니다.

그가 지금까지 바알주의 정책을 따르다가 다급해지자 엘리사를 찾은 것은 어떻게 보면 괘씸한 일이었습니다. 그런데도 엘리사는 요아스 왕에 대한 자신의 유감을 드러내지 않았습니다. 그는 요아스 왕이 국방 문제로 염려하지 않고 힘을 내도록 활과 화살을 가져오라고 명하였습니다. 요아스 왕은 울고만 있을 것이 아니고 즉시 하나님의 도우심을 받아야 했습니다.

여기서 우리는 엘리사의 인자한 성품과 자신의 소명에 대한 철저한 헌신을 목격합니다. 그는 연로하였고 죽음의 병상에 있었습니다. 그는 아합 왕 때로부터 요아스 통치까지 사역하였습니다. 줄잡아 50년 이상의 세월을 이스라엘 백성과 왕들을 위해 온갖 노력을 기울였습니다. 이제 죽음을 앞둔 시점에서 그가 거둔 수확이 무엇입니까? 예후에 의해서 아합 왕족이 모두 숙청된 이후에도 이스라엘 왕은 여전히 우상 숭배자로 머물렀고 하사엘의 무서운 공격도 백성의 회개를 일으키지 못하였습니다. 엘리사는 보통 사람이었다면 아마 다 포기하고 조용히 숨을 거두고 싶었을 것입니다. 그러나 그는 병상에 있으면서 요아스 왕을 거절하지 않고 최선을 다해 도왔습니다.

둘째, 엘리사는 말로만 격려한 것이 아니고 요아스 왕이 확실히 느낄 수 있도록 상징적인 행위도 사용하였습니다.

"또 이스라엘 왕에게 이르되 왕의 손으로 활을 잡으소서 하매 그가 손으로 잡으니 엘리사가 자기 손을 왕의 손 위에 얹고"(16절).

엘리사는 요아스 왕의 싸움에 자신을 일치시켰습니다. 엘리사가 요아스의 손 위에 자기 손을 얹은 것은 아람 군과의 싸움에서 왕이 하나님의 인도와 능력을 받을 것에 대한 상징이었습니다. 엘리사는 요아스 왕에게 아람 군과의 싸움은 하나님께 속한 전쟁임을 보여주려고 애썼습니다. 요아스 왕이 만약 하나님의 도우심을 의지하면, 하나님의 전능하신 능력이 그의 팔에 힘을 실어주며 과녁의 방향을 잡아줄 것이었습니다. 엘리사는 요아스 왕에게 구체적으로 아람 군을 이길 것을 밝혀주기 위해 아람 군의 침입 루트인 동쪽을 향해 창을 열고 화살을 쏘라고 하였습니다. 이것은 젊은 왕이 국가적 위기 앞에서 두려워하거나 낙심하지 않고 적군을 괴멸시킬 영광스러운 기회가 온 것으로 믿게 하려는 시도였습니다.

죽음을 목전에 둔 엘리사 앞에서 눈물을 흘리며 탄식하던 요아스 왕은 엘리사의 지시대로 활을 잡고 동쪽을 향해 화살을 당겼습니다. 엘리사는 한 걸음 더 나아가서 이 화살은 "여호와를 위한 구원의 화살"(17절)이라고 말했습니다. 이것은 의미 있는 말이었습니다. 즉, 하나님께서 이스라엘을 버리시지 않았다는 것과 아직도 그 왕과 백성을 구원하실 뜻을 가지셨음을 확신시키는 말이었습니다. 그렇다면 요아스 왕은 자신이 여호와의 전쟁에서 반드시 승리할 것을 믿고 하나님께 감사했어야 했습니다. 그러나 우유부단하고 소심한 요아스 왕에게는 이 정도의 격려도 부족하였습니다. 그래서 엘리사는 그에게 더 많은 격려를 아끼지 않았습니다. 하나님께서는 우리의 연약함을 동정하시고 격려에 격려를 더하시는 분입니다(히 4:15).

셋째, 엘리사는 구체적으로 아람 군을 이길 싸움터까지 알려 주었습니다.

> "이는 여호와를 위한 구원의 화살 곧 아람에 대한 구원의 화살이니 왕이 아람 사람을 멸절하도록 아벡에서 치리이 다 하니라"(17절)

엘리사는 요아스 왕에게 많은 격려를 하였고 하나님께서 그와 함께하실 것을 상징적인 행위로도 표현하였습니다. 그러나 용렬하기 짝이 없는 요아스 왕은 엘리사로부터 더 많은 확신의 말을 들어야 했습니다. 본 절의 말씀은 아람 군의 잦은 침략으로 황폐해진 이스라엘의 불리한 입지가 승전으로 바뀔 것이라는 길보였습니다. 아람은 여러 해 동안 이스라엘을 공격하였습니다. 그 결과 요아스 왕의 부친인 여호아하스 왕 때에 "마병 오십 명과 병거 열대와 보병 만 명"(왕하 13:7)만 남을 정도로 국력이 쇠진하였습니다. 이런 상황에서 요아스가 엘리사를 보고 "이스라엘의 병거와 마병이여"라고 한 것은 역설적입니다.

그러나 이제 이스라엘의 열악한 군사력은 급격하게 상승하여 탁월한 전략으로 아람 군을 격파할 것이었습니다. 하나님께서는 가능성이 전혀 없어 보이는 상황에서도 주권적인 섭리로 패배를 승리로 바꿀 수 있습니다. 엘리사는 자기 손을 요아스 왕의 손 위에 얹고 젊은 왕의 승리를 확신하며 용감하게 적군을 맞아 싸우라고 독려하였습니다.

엘리사의 손은 하나님의 손을 대변합니다. 여호와의 손이 우리 손 위에 놓이면 우리 손이 아니고 여호와의 손이 됩니다. 여호와가 잡으신 활은 누구도 꺾지 못합니다. 여호와의 손으로 당기는 화살을 피할 자는 없습니다. 엘리사는 요아스가 아람 군을 아벡에서 격파하고 대승할 것이라고 말했습니다. 요아스는 적은 군대와 마병을 염려할 필요가 없었습니다. 하나님의 손이 함께 하시면 많은 병거나 마병으로 승리가 좌우되지 않습니다. 병력이 부족하여도 한 사람이 천 명을 이겨낼 수 있는 일기당천(一騎當千)의 능력을 하나님으로부터 받으면 전세가 돌변하여 승리가 확정됩니다. 이것이 곧 엘리사가 활을 잡은 요아스 왕의 손 위에 자기 손을 얹었다는 의미입니다.

그런데 엘리사가 싸움터를 아벡이라고 알린 것은 매우 시사적입니다. 아벡은 아합 왕 때에 아람 군과 격전을 벌였던 곳이었습니다(왕상 20:26). 그때 이스라엘 군대가 하루에 적군의 보병 십만을 죽이는 대승을 거두었습니다(왕상 20:29). 그래서 아람과의 전쟁터가 아벡이 될 것이라고 예고한 것은 요아스에게 커다란 격려가 되었을 것입니다. 아벡의 승리가 반복될 수 있다는 것은 하나님께서 하사엘을 아람 왕이 되게 하여 이스라엘을 징계하시는 일이 그친다는 뜻이었습니다. 이스라엘 왕에게 이보다 더 좋은 소식은 없었습니다. 그런데 하나님께서 어떤 사람에게 이 같은 대승의 축복을 내리셨습니까? 순종과 헌신으로 하나님을 섬긴 경건한 종이었습니까? 아닙니다. 요아스 왕에 대한 평가를 들어보십시오.

"여호와께서 보시기에 악을 행하여 이스라엘에게 범죄하게 한 느밧의 아들 여로보암의 모든 죄에서 떠나지 아니하고 그 가운데 행하였더라"(13:11).

그럼에도 그에게 아벡의 승리를 약속한 것은 참으로 놀라운 하나님의 은혜입니다. 이것은 여호와께서 아브라함과 이삭과 야곱과 더불어 세우신 언약 때문이었습니다. 하나님은 자신의 언약에 신실하십니다. 그래서 악을 행하는 자들에게도 심판을 늦추시고 충분한 회개의 기회를 주시며 멸하기를 즐겨하지 아니하십니다(왕하 13:23). 그렇다면 우리에게도 이와 같은 하나님의 축복이 내릴 수 있습니다. 요아스처럼 엘리사의 말대로 활을 손에 잡으면 하나님께서는 우리들과 맺은 새 언약을 기억하시고 자신의 손을 우리 손 위에 얹으시며 아벡에서의 대승을 선포하십니다. 우리 손 위에 하나님의 손이 놓여 있다고 생각해 보십시오. 얼마나 큰 격려가 됩니까! 하나님의 인도와 격려의 손길은 아직 우리를 떠나지 않았습니다.

우리의 엘리사들은 때가 되면 자신들의 소명을 마치고 떠날 것입니다. 그래도 우리는 여전히 아벡에서 승리할 수 있습니다. 하나님의 구원의 화살을 쏘면서 적군이 대치하고 있는 아벡으로 나아가십시오. 내가 이겨야 할 적들은 어떤 것들입니까? 우리 주 예수 그리스도의 성품을 닮고 복음에 신실한 삶을 사는데 방해가 되는 것들입니다. 그것들을 향해 활을 쏘십시오. 하나님의 나라를 위해 이바지할 수 있는 일들을 막는 원수들을 향해 힘껏 활을 당기십시오. 십자가로 가는 발길을 지연시키고 타락의 길로 오도하는 육욕의 연인들을 과녁으로 삼고 화살을 날리십시오. 두려우면 하나님의 손이 활을 당기는 내 손 위에 놓인 것을 기억하고 힘을 내십시오. 아벡의 대승은 우리를 위한 것입니다. 하나님께서는 우리를 이기게 하십니다. 승리를 주시는 하나님께 감사하며 힘써 싸우도록 하십시다.

"항상 우리를 그리스도 안에서 이기게 하시고 우리로 말미암아 각처에서 그리스도를 아는 냄새를 나타내시는 하나님께 감사하노라"(고후 2:14).

11장

요아스의 시험과 엘리사의 죽음

Elisha 엘리사

"또 이르되 화살들을 집으소서 곧 집으매 엘리사가 또 이
스라엘 왕에게 이르되 땅을 치소서 하는지라 이에 세 번
치고 그친지라 하나님의 사람이 노하여 이르되 왕이 대여
섯 번을 칠 것이니이다 그리하였더면 왕이 아람을 진멸
하기까지 쳤으리이다 그런즉 이제는 왕이 아람을 세 번만
치리이다 하니라"(13:18-19).

: 엘리사는 요아스 왕에게 두 번째 명령하였습니다.

첫 번째 명령은 요아스에게 전쟁의 승리를 약속하는 격려였고, 두 번째 명령은 요아스가 이 약속을 어느 정도 믿고 전쟁에 임할 것인지에 대한 테스트였습니다. 요아스 왕은 화살로 땅을 치라는 엘리야의 명령을 받고 겨우 세 번의 동작으로 그쳤습니다. 화살로 땅을 치라는 명령은 요아스 왕의 적군에 대한 전쟁 승리의 의지가 얼마나 강한 것인지를 테스트하는 것이었습니다. 유감스럽게도 요아스 왕은 엘리사의 기대에 미치지 못하고 말았습니다.

이것은 전혀 어려운 시험이 아니었습니다. 아벡 전투에서의 승리가 이미 약속되었기 때문에 마치 아람 군을 일망타진하듯이 화살로 땅을 사정없이 계속 치면 넉넉히 합격할 수 있는 테스트였습니다. 그런데도 겨우 세 번만 쳤기 때문에 엘리사는 요아스에게 화를 내었습니다. 얼핏 보면 엘리사가 요아스 왕에게 화를 낸 것은 엉뚱해 보입니다. 그러나 엘리사는 국난의 위기를 대하는 요아스 왕의 미온적인 태도를 그냥 넘어갈 수 없었습니다.

화살로 땅을 치는 것은 일종의 상징적인 모의(模擬) 전쟁이었습니다. 그래도 이것은 상징으로 그치는 것이 아니고 실전의 결과를 예고하는 일이었습니다. 물론 요아스는 활로 땅을 치는 횟수가 승전의 횟수와 비례할 것을 처음에는 몰랐습니다. 이것을 미리 알았다면 테스트의 의미가 없었을 것입니다. 우리는 하나님이 주시는 테스트가 비록 상징적인 것이라도 진지한 자세로 대해야 합니다. 하나님께서는 우리가 구원의 하나님에 대해서 얼마나 열심이 있는지를 매사에서 입증하기를 원하십니다.

요아스는 엘리사의 지시에 적극적이지 않았습니다. 그는 하라고 하니까 흉내만 내는 것으로 그쳤습니다. 그는 연로하고 병든 선지자의 마지막 지시니까 예의상 시늉만 내면 될 줄로 생각한 듯합니다. 아마 그에게는 화살로 땅을 치는 일이 어린아이들의 장난으로 보였을지도 모릅니다. 그에게는 조부인 예후가 가졌던 '여호와를 위한 열심'이 없었습니다(10:16). 그는 피동적이었고 소심하였으며 하나님의 일에 곧 싫증을 내었습니다. 그는 엘리사가 자신의 병을 돌보지 않고 그에게 준 커다란 격려와 동기부여에도 불구하고 미온적이었습니다.

이런 자세로서는 하나님의 일을 제대로 이룰 수 없습니다. 하나님이 약속하시는 필승의 기회들은 차지도 않고 덥지도 않은 미지근한 반응 때문에 수 없이 상실되고 있습니다. 엘리사의 말에 의하면 만약 요아스 왕이 화살로 땅을 치는 일에서 진지한 열심을 보여 여러 번 쳤었다면 아람 군을 진멸하고도 남았을 것입니다. 이러한 철저한 승리가 가능하다는 것은 우리에게 용기를 주는 일입니다.

이제 우리 자신의 신앙생활을 돌아보십시다. 하나님의 능력과 동행을 믿는다고 하면서도 열심을 내지 않는 때가 얼마나 많습니까? 요아스 왕처럼 한두 번 해 보고는 손을 접는 경우가 얼마나 잦습니까? 그저 성경을 읽으라고 하니까 몇 장 읽어보고, 기도해야 한다고 하니까 몇 번 기도해 보고, 경건하게 살아야 한다니까 한두 번 거룩하게 살아보려고 시도하는 정도로 그치지 않습니까? 나는 하나님의 일에 쉽게 낙심하거나 싫증을 내지는 않습니까?

하나님께서는 우리가 하나님의 약속을 믿고 아람 군들을 대항하여 이기기를 원하십니다. 요아스 왕은 적을 무서워하며 한탄만 할 뿐 힘써 이기려는 열의가 없었습니다. 그는 이스라엘에 가시와 같은 아람을 완파할 호기를 스스로 내던졌습니다. 그는 그저 한두 번의 승리로 족하게 여겼습니다. 그는 엘리사로부터 아람 군을 세 번만 이길 것이라는 말을 듣고도 별다른 아쉬움이 없었습니다. 우리가 하나님의 인도와 후원이 있음에도 마음을 다하지 않고 스스로 내던지기 때문에 한두 번의 승리로 그치는 일들이 얼마나 많은지 모릅니다. 내 전통에 들어있는 화살이 다할 때까지 적을 향해 쏘아야 하고 원수의 땅이 성한 곳이 없을 만큼 화살로 쳐야 합니다.

나의 손 위에 하나님의 능력의 손이 얹혀 있음을 믿으십시오. 내가 만일 하나님의 명령에 따라 활을 손에 잡았다면 하나님께서 친히 자신의 손을 나의 손 위에 포개놓으시고 나의 손이 능력의 손이 되게 하실 것입니다. 바울은 "내게 능력 주시는 자 안에서 내가 모든 것을 할 수 있느니라"(빌 4:13)고 외쳤고 "나도 내 속에서 능력으로 역사하시는 이의 역사를 따라 힘을 다하여 수고하노라"(빌 1:20)고 고백하였습니다.

우리에게 이런 기상과 열심이 있는지 반성해 볼 일입니다. 하나님께서 행하라고 하신 일이라면 능히 감당할 수 있다고 확신해야 합니다. 하나님이 약속하셨거나 명령하신 것을 의심하거나 회피하면 아무것도 이룰 수 없습니다. 그러나 믿음과 인내로 꾸준히 주님을 신뢰하고 나아가면 우리는 대적들을 물리치고 하나님을 기쁘게 해드릴 수 있습니다. 세 번 정도로 그치지 마십시오. 하나님께서는 그 이상을 원하십니다. 한두 번으로 쳐서 죽일 수 없는 적들이 많습니다. 전통의 화살은 하나라도 남겨둘 필요가 없습니다. 나의 전통에 들어 있는 화살은 내가 쏠 때까지는 결코 '여호와의 구원의 화살'이 될 수 없습니다.

요아스 왕은 엘리사의 격려에도 불구하고 자신의 사명에 불붙지 못하였습니다. 그는 테스트에서 불합격을 받았습니다. 그는 이스라엘의 왕으로서 역사에 크게 이바지할 수 있는 소명으로부터 자신을 스스로 위축시켰습니다. 그는 하나님의 나라를 지키고 악한 세력을 진멸하는 일에 투신하지 않았습니다. 엘리사는 요아스 왕의 실망스러운 태도에 화를 내었습니다. 우리 각자에게도 하나님께서 주시는 소명의 싸움이 있습니다. 요아스를 꾸짖었던 엘리사의 노함은 하나님께서 비 헌신적이고 무성의한 자기 자녀들에게 내리시는 진노를 반영합니다.

이것은 우리에게 경고가 되어야 합니다. 악과의 싸움에서 그저 몇 번의 승리로 족하게 여기고 안주하려고 하면 머지 않아 악으로부터 피해를 봅니다. 마치 정원이나 밭에서 잡초를 몇 개 뽑다가 그치면 처음에는 잘 보이지 않던 잡초들이 금방 솟아나는 것과 같습니다. 우리의 싸움이 지속적이지 않으면 현대판 아람 군들이 항상 교회를 침략하고 개별 성도의 삶에서 잡초처럼 고개를 추켜듭니다. 죄에 자비를 베풀면 죄가 자라서 나를 삼킵니다. 전통에 있는 화살을 아끼지 마십시오. 사용하려고 준비한 것들이 아닙니까?

예수님은 우리의 전심전력을 원하십니다. 예수님이 어떤 사람들을 크게 칭찬하시고 기뻐하셨습니까? 백부장의 믿음을 칭찬하시고, 혈루병 여자를 드러내시며, 스로보니게 여자를 유대인들 앞에서 격찬하셨지 않습니까? 값비싼 향유가 든 옥합을 깨어 예수께 부었던 마리아와 (마 26:7), 물 위를 걸으려고 배에서 호수로 뛰어내렸던 베드로(마 14:28)의 특징이 무엇이었습니까? 이들은 모두 주님을 위해 마음이 불타고 있었습니다. 주님은 우리의 마음이 하나님의 일로 불타기를 원하십니다. 마리아가 옥합을 깨었을 때 주님은 그녀의 전적 헌신을 보시고 감동하셨습니다(마 26:7). 베드로가 주님의 허락을 받고 바다로 뛰어내렸을 때 크게 기뻐하셨습니다.

주님 자신이 여호와에 대한 열심이 충일하셨습니다(요 2:17). 주님의 불은 꺼지지 않습니다. 주님은 '여호와의 열심'(사 9:7; 37:32)으로 온 인류를 복음으로 구원하시려고 쉬지 않고 일하십니다. 주님은 지금 이 순간에도 그의 백성을 보호하시며 승리의 길로 인도하시기 위해 '여호와의 열심'으로 중보하시는 중입니다. 주님은 또한 항상 새로운 열의와 비전으로 우리의 냉각된 마음에 거룩한 열정의 불을 붙일 준비가 되어 있습니다. 주님은 아직도 자기 백성에 대한 사랑으로 불타고 계십니다. 예수님의 죽음으로 낙심과 침체에 빠졌던 엠마오의 두 제자는 주님께서 성경을 풀어주실 때 마음이 불붙었습니다(눅 24:32). 모세의 마음에 히브리 민족을 해방하려던 열망이 죽었을 때 하나님께서 떨기나무 가운데 나타나셔서 그가 새로운 뜻으로 불붙게 하시고 출애굽의 민족적 해방을 영도하게 하셨습니다(출 3장)

: 엘리사는 자신의 임종을 앞두고도
활력과 확신으로 가득 차 있었습니다.

엘리사 선지자는 진정한 의미에서 하나님의 나라를 사랑하는 자였습니다. 그는 죽음 앞에서도 왕과 나라를 위해 사랑의 돌봄을 아끼지 않았습니다. 그는 끝까지 다 바치고 가는 삶을 살았습니다. 야곱 역시 죽음의 병상에서 숨을 거두기 전에 아들들을 불러 모으고 후손에게까지 미칠 예언과 축복을 할 수 있는 영감을 받았습니다(창 49장). 베드로와 요한과 바울을 위시해서 신약의 모든 사도도 죽기 직전까지 하나님을 위해 마지막 힘을 쏟았습니다. 이들의 특징이 무엇입니까? 하나님과 그의 복음을 위해 자신들을 아낌없이 산화시킨 것이었습니다. 이들은 주님이 점화시킨 거룩한 불꽃을 가슴에 품고 하나님이 주신 소명을 성취하기 위해 달렸습니다. 이들의 삶의 방식과 목표가 무엇이었는지는 바울의 고백에서 가장 잘 반영되었습니다.

"나는 선한 싸움을 싸우고 나의 달려갈 길을 마치고 믿음을 지켰으니 이제 후로는 나를 위하여 의의 면류관이 예비되었으므로 주 곧 의로우신 재판장이 그 날에 내게 주실 것이며 내게만 아니라 주의 나타나심을 사모하는 모든 자에게도니라"(딤후 4:7-8).

하나님께서는 열정이 식은 우리의 손 위에 자신의 손을 놓으시고 우리의 손이 다시 주님을 향한 사랑과 헌신으로 타오르기를 원하십니다. 예수님은 엘리사가 요아스 왕에게 한 것처럼 우리에게 창문을 열고 승리의 비전을 넓히라고 하십니다. 오늘날의 교인들은 현대 사회의 복잡다단한 환경의 압력을 받고 삽니다. 그래서 주님을 제대로 믿고 산다는 것이 거의 불가능하게 느껴질 수 있습니다. 우리는 신앙적으로 무기력할지 모릅니다. 그러나 주님은 우리에게 활을 잡으라고 하십니다. 주님은 무력한 우리의 손에 힘을 넣어 주시고 두려워하던 창밖을 바라보게 하십니다. 우리를 성령으로 채워주시고 우리가 평소에 보는 세계보다 더 리얼한 실체가 있음을 알게 하십니다. 활을 잡으라는 성령의 음성을 들으십시오. 그리고 하나님이 열게 하시는 창밖을 향해 힘껏 화살들을 날려 보십시오. 아람 군이 쓰러지는 것을 보게 될 것입니다. 그들에 대한 두려움이 사라지는 것도 체험할 것입니다. 하나님의 말씀에 순종하여 주의 나라를 위해 분발하는 자들에게는 아벡 전투의 승리가 기다리고 있습니다.

"이러므로 우리에게 구름 같이 둘러싼 허다한 증인들이 있으니 모든 무거운 것과 얽매이기 쉬운 죄를 벗어 버리고 인내로써 우리 앞에 당한 경주를 하며 믿음의 주요 또 온전하게 하시는 이인 예수를 바라보자"(히 12:1-2).

우리는 엘리사의 인품에서도 귀중한 교훈을 배울 수 있습니다. 엘리사는 어떤 사람이었습니까? 그는 자신이 받은 소명을 임종 때까지 수행하였습니다. 웬만하면 50여 년간 주님을 섬겼으니까 쉬어도 된다고 생각했을 것입니다. 더구나 죽기 직전까지 요아스 같은 악한 왕을 상대할 필요가 없었을 것입니다. 자신의 임종이 가까운데 왜 그런 졸렬한 왕으로 인해서 신경을 써야 하겠습니까? 그가 조용히 물러나도 그를 나무랄 자가 아무도 없었을 것입니다. 그러나 그에게는 은퇴도 휴식도 없었습니다.

엘리사는 이스라엘의 선지자로 부름을 받은 때부터 한 번의 흔들림도 없었습니다(왕상 19:19-21). 그는 엘리야 선지자를 끝까지 따랐는데 여러 번의 만류에도 불구하고 절대로 포기하지 않았습니다. 그는 길갈과 벧엘과 여리고와 요단에 이르기까지 엘리야가 그를 한사코 떼어놓으려고 했지만 맹세하면서 끝까지 따라갔습니다(왕상 2:6). 그는 엘리야가 승천하기 직전에 그에게 무엇을 원하느냐고 물었을 때 엘리야에게 역사하신 성령의 영감을 갑절이나 받기를 원한다고 하였습니다(왕하 2:9, 15).

엘리사는 성령의 충만을 체험한 이래로 놀라운 기적들을 행하였습니다. 그는 언제나 하나님을 전심으로 섬겼고 모든 명령을 불평 없이 받아들였습니다. 그는 죽은 자도 살렸으며, 오염된 물을 정화하였고, 독이 든 국을 해독시켰습니다. 그는 가난한 과부의 생계 문제를 넘치는 기름의 기적으로 해결해 주었고, 부족한 양식을 늘려 구약 시대의 오병이어의 기적을 일으켰습니다. 그는 적군의 눈을 흐리게 하여 포로로 삼았고, 이스라엘의 왕들에게 하나님의 전략을 알려 주었으며, 인간적으로 불가능한 상황에서 이기게 하고, 극심한 기근으로부터 해방되게 하였습니다. 그는 일편단심으로 여호와 하나님을 섬긴 빛나는 모범입니다. 성경은 그에 대해서 어떤 심각한 죄나 실수를 언급하지 않습니다. 그는 승승장군처럼 승리의 삶을 살았습니다.

엘리사는 이스라엘 백성이 당할 하나님의 심판의 참상을 예견하고 눈물을 흘렸지만, 엘리야처럼 침체에 빠지거나 좌절하지 않았습니다. 그는 이스라엘 왕들의 불순종과 우상숭배를 날마다 겪으면서도 끝까지 그들에게 자문이 되었고 여호와의 뜻을 알려 주려고 힘썼습니다. 그는 죽을 때까지 과연 "이스라엘의 병거와 마병"(13:14)이었습니다.

그는 죽음의 침상에서까지 요아스 왕에게 하나님의 선한 뜻을 알리며 격려하였습니다. 그는 죽음의 병상으로 찾아온 우상숭배자인 요아스 왕의 넋두리를 듣고 싶지 않았을 것입니다. 그는 왕을 당장 나가라고 할 수도 있었겠지만, 자신의 불편을 참고 최후의 시각까지 하나님의 말씀을 전하였습니다. 그는 바울이 고백했듯이 자신의 달려갈 길을 다 마쳤습니다(딤후 4:6-7). 그는 분명 "잘하였도다 착하고 충성된 종아"(마 25:21, 23)라는 주님의 칭찬을 받았을 것입니다.

그럼 우리는 어떻게 죽음을 맞이해야 하겠습니까? 엘리사의 병상 스토리는 우리에게 영감과 도전을 불러일으킵니다. 광야의 이스라엘 백성이 모압 평지에 진을 쳤을 때에(민 22:1) 이방인의 선견자인 발람이 이렇게 말했습니다.

"나는 의인의 죽음을 죽기 원하며 나의 종말이 그와 같기를 바라노라"(민 23:10).

발람은 돈을 받고 이스라엘을 저주하려다가 오히려 성령의 감동을 받고 이스라엘을 축복한 사람이었습니다. 그러나 그의 기도만은 우리의 소원으로 삼을 수 있습니다. 엘리사는 의인의 죽음을 맞이하였습니다. 우리도 하나님을 위해서 맡은 소명을 완수하고 주 예수께 속한 의인으로서 이 세상을 떠나야 합니다. 하나님의 나라를 위해서 무엇인가 기여하는 보람된 삶으로 우리의 종말을 마감하도록 하십시다.

: 엘리사의 죽음과 부활의 소망

"엘리사가 죽으니 그를 장사하였고 해가 바뀌매 모압 도적 떼들이 그 땅에 온지라 마침 사람을 장사하는 자들이 그 도적 떼를 보고 그의 시체를 엘리사의 묘실에 들이던 지매 시체가 엘리사의 뼈에 닿자 곧 회생하여 일어섰더라"(13:20-21).

유대인들의 새해는 양력으로 지금의 3, 4월 경입니다. 이때는 팔레스타인에서 겨울 작물을 수확하는 시기입니다. 그래서 모압의 약탈꾼들이 요단 강 근처의 추수 밭으로 연례 행사처럼 출몰하였습니다. 그런데 우연처럼 보이는 한 사건이 발생하였습니다. 이스라엘 사람들이 엘리사의 묘실 근처에 사람을 장사하려고 하는데 갑자기 모압의 도적 떼가 나타났습니다. 그래서 황급히 시체를 엘리사의 묘실 안으로 던져 넣었습니다. 그랬더니 "시체가 엘리사의 뼈에 닿자 곧 회생하여 일어섰더라"(13:20-21)고 했습니다. 이것은 전무후무(前無後無)한 일이었습니다.

도대체 어떻게 된 일이었을까요? 초자연적인 것에 대한 사람들의 반응은 주로 상식이나 과학적인 범주에서 판단하는 것입니다. 그러나 우리의 체험적 인식이나 과학적 데이터도 한계가 있습니다. 우리는 성경에서 하나님이 행하신 기적이라고 증언하는 현상들은 그대로 믿을 수밖에 없습니다. 하나님이 하시는 일이라면 어떤 일도 가능하기 때문입니다. 우리가 이해할 수 없다고 해서 실제로 발생한 일이 부정되는 것은 아닙니다. 이 세상은 하나님에게는 열린 곳입니다. 하나님은 언제라도 자신을 드러내시고 초자연적이고 비상한 일을 행하실 수 있습니다. 기적들은 하나님께서 자연계를 포함하여 질병과 죽음과 악령들을 통제하시는 주권자이심을 드러냅니다.

그런데 더 중요한 것은 이러한 기적들이 지닌 구체적인 메시지가 무엇인지를 깨닫는 것입니다. 기적 자체에 쏠리면 자칫 미신이 됩니다. 중세기 가톨릭 교회는 소위 '성자'라는 사람들의 유물이나 유해를 중시하였습니다. 그래서 지금도 오래된 사원에 가보면 대체로 '성자'의 유품 중에 신체 일부에 해당하는 뼈를 전시해 놓고 있습니다. 사람들은 이러한 유골에 치유의 능력이 있다고 믿었습니다. 지금도 이런 미신적인 통속적 신앙이 완전히 사라진 것은 아닙니다. 초대 교회 시대에도 여러 기적이 일어났습니다. 예를 들어 예수님의 옷자락을 만졌더니 혈루증이 치유되었고(막 5:24-34), 베드로의 그림자나 바울의 손수건이나 앞치마가 치유와 축귀에 사용되었습니다(행 5:12-16; 19:12). 그러나 그러한 물질 자체에 어떤 내재적인 치유력이 있는 것이 아닙니다. 하나님께서는 그러한 매체를 통해서 어떤 상징적 의미나 영적 교훈을 주실 수 있습니다. 그래서 초자연적인 기적이 언급되었을 경우에는 문맥 속에서 더욱 깊은 영적 의미를 붙잡도록 해야 합니다.

　기적은 행동으로 된 일종의 비유입니다. 그래서 요한복음에서는 기적을 '표적'(sign)이라고 불렀습니다. 특히 예수님의 치유 기적은 이러한 영적 교훈들을 담고 있습니다. 예컨대 시각장애인의 치유는 단순히 환자의 시력 회복이 아니고 예수님이 세상의 빛이라는 메시지를 담고 있습니다(요 8:12; 9:5-7). 오병이어의 기적도 예수님이 생명의 양식임을 가리킵니다(막 8:19-21; 요 6:26-51). 나병이나 중풍병으로부터 치유를 받는 기적은 인간의 죄와 영적 무기력으로부터 구원받는 것을 예시합니다. 또한, 예수님의 기적은 그분이 하나님께서 보내신 메시아이심을 드러내는 징표입니다(마 11:2-5). 엘리사의 경우에도 그의 기적들은 그가 하나님의 참 선지자임을 증시합니다. 죽은 자가 엘리사의 뼈에 닿았을 때 소생된 것은 부활에 대한 전식입니다. 성도의 부활 때에는 다시는 질병이나 죽음이 없을 것입니다. 그런데 역설적으로 죽음은 생명의 통로가 됩니다.

　"곧 우리가 원수 되었을 때에 그의 아들의 죽으심으로 말미암아 하나님과 화목하게 되었은즉 화목하게 된 자로서는 더욱 그의 살아나심으로 말미암아 구원을 받을 것이니라"(롬 5:10).

　예수님의 십자가 죽음이 있었기 때문에 그를 믿는 자들이 모두 부활 생명을 받게 되었습니다. 엘리사의 주검에 접촉된 시체가 다시 살아난 것은 예수님의 죽으심이 지닌 부활 생명에 대한 하나의 예시입니다. 예수님의 십자가 죽음이 없었더라면 아무도 다시 살아나지 못할 것입니다. 율법은 시체를 부정한 것으로 보고 접근을 금하였습니다. 그런데 엘리사의 뼈는 생명을 일으키는 수단이 되었습니다. 이것은 율법 시대를 넘어 구원자로 오실 예수님의 십자가 죽음에 의한 새 생명의 길을 시사합니다(갈 3:13). 한편, 엘리사 시대의 상황에서 이 기적이 주는 직접적인 교훈이 있습니다.

첫째, 엘리사가 죽었기 때문에 다 끝난 것이 아니라는 것입니다.

죽은 엘리사의 뼈에 닿은 시체가 소생했다는 것은 엘리사의 하나님이 살아 계신다는 뜻입니다. 엘리사의 뼈 자체에서 부활 생명이 공급되는 것이 아닙니다. 그러나 엘리사의 뼈는 엘리사라는 하나님의 사람에 대한 물적 증거이기에 엘리사를 상징합니다. 그의 묘실에 던져졌던 시신은 영적으로 죽은 이스라엘을 대변합니다. 그래서 이스라엘의 병거와 마병이었던 엘리사는 비록 죽었지만 그가 대표했던 여호와 하나님께로 백성이 돌아오면 되살아날 수 있다는 메시지입니다.

이스라엘은 죽은 시체나 다름이 없었습니다. 그들은 영적으로 죽어 있었고 모압과 같은 외적의 침입에서 자신을 보호할 수 없었습니다. 그러나 시체가 엘리사의 뼈에 닿았을 때 놀라운 변화가 일어났습니다. 여호와 하나님은 아직도 이스라엘을 긍휼히 여기시고 그들을 회생시키기를 원하신다는 것입니다. 본 기적의 중심 메시지는 이스라엘이 우상을 버리고 생명의 원천이신 여호와 하나님께로 돌아가면 국가적인 부흥과 갱신을 체험한다는 것입니다.

이것은 우리에게도 동일하게 적용되는 영적 원리입니다. 예수님의 십자가 죽음에 자신을 일치시키면 우리의 영혼이 살아납니다. 예수님이 나의 죄를 위해 대속의 형벌을 받으신 것을 믿으면 즉시 내 영혼이 회생합니다. 의인은 믿음으로 살리라고 하였습니다(갈 3:11). 주 예수의 죽음을 나를 위한 것으로 받아들이면 하나님의 눈에 나는 의로운 자로 비칩니다. 예수 그리스도의 의가 나에게 넘어오기 때문입니다. 그다음부터는 계속해서 주 안에 머물면서 부활 생명을 누리면서 살 수 있습니다. 예수님은 생수의 강이 흘러나오는 원천입니다(요 7:38). 이스라엘 백성은 여호와 하나님을 모시는 언약 백성이었지만 부활 생명의 원천에서 떠나 우상 신들을 섬겼습니다. 그때부터 그들은 영적 활기를 잃고 죽어갔습니다. 엘리사의 죽은 뼈에 대한 기적은 생명의 원천으로 돌아가라는 강력한 메시지입니다.

둘째, 본 기적은 요아스 왕에게 개인적으로 적용되는 메시지입니다.

요아스 왕은 엘리사를 "이스라엘의 병거와 마병"(왕하 13:14)이라고 불렀습니다. 그런데 엘리사가 죽자 이스라엘의 소망이 끊어졌다고 낙심하였습니다. 그는 엘리사가 그에게 예언한 아람 군에 대한 승리도 엘리사의 죽음으로 효력이 없을 것으로 여겼을 것입니다. 그래서 죽은 엘리사의 뼈에 닿았던 시체가 살아난 것은 엘리사의 죽음으로 모든 것이 끝나지 않았다는 것을 의미합니다. 이것은 요아스가 엘리사의 죽음 때문에 아람 군을 두려워할 필요가 없다는 메시지였습니다. 그래서 요아스는 힘을 얻었고 엘리사가 예언한 대로 아람 군을 세 번 쳐서 승리했다는 말이 본 에피소드의 마지막 결언입니다.

"여호아하스의 아들 요아스가 하사엘의 아들 벤하닷의 손에서 성읍을 다시 빼앗으니 이 성읍들은 자기 부친 여호아하스가 전쟁 중에 빼앗겼던 것이라 요하스가 벤하닷을 세 번 쳐서 무찌르고 이스라엘 성읍들을 회복하였더라"(왕하 13:25).

셋째, 엘리사의 사역은 사후에도 계속되었다는 것입니다.

엘리사의 뼈는 죽었으나 생명을 일으켰습니다. 죽은 자들이 오히려 살아 있는 자들보다 더 큰 영향을 끼치는 경우가 적지 않습니다. 히브리서는 아벨에 대해서 증언하기를 "…그가 죽었으나 그 믿음으로써 지금도 말하느니라"(히 11:4)고 하였습니다. 아벨은 믿음으로 가인보다 더 나은 제사를 드렸습니다. 그는 불의한 가인으로부터 살해를 당했지만, 그가 흘린 의인의 피는 헛되지 않아 훌륭한 믿음의 모범으로서 후대에까지 영향을 주었습니다. 히브리서 11장에 나오는 믿음의 선열들은 그들의 사후에도 계속해서 하나님의 구원과 믿음 생활의 능력을 증언하고 있습니다. 그들은 죽은 뼈에 불과할지 모릅니다. 그러나 그들의 뼈에 닿으면 생명이 약동하는 것을 느낄 수 있습니다. 하나님의 사람들은 죽었으나 지금도 말합니다. 그들의 뼈에 닿으면 그들이 믿고 섬겼던 여호와 하나님의 영적 에너지를 체험할 수 있습니다. 그들은 죽었어도 계속해서 호흡하고 있습니다.

넷째, 본 사건은 예수 그리스도의 부활에 대한 예표입니다.

죽은 이스라엘 사람의 시체가 엘리사의 뼈에 닿자 다시 살아난 것은 육체의 부활에 대한 전식입니다. 엘리사는 무덤에 장사되었습니다. 그런데 그는 일생을 하나님의 은혜 구원을 많은 기적으로 증시하였습니다. 그는 예수 그리스도의 시대에 체험하게 될 복음의 은혜를 분명히 내다본 선지자였습니다. 그래서 그에 대한 스토리가 부활의 소망으로 가득 찬 사건으로 마무리되는 것은 매우 적절합니다.

예수님은 엘리사처럼 죽어 무덤에 장사 되었지만 사흘 만에 부활하셨습니다. 이제 그를 대속주로 믿는 자들은 누구나 새 생명을 받고 죽음을 넘어 영생하게 될 것입니다. 우리는 지금 이 땅에서 주 예수의 거저 주는 구원을 받고 죽은 영혼의 부활을 체험할 수 있습니다. 그리고 사후에 죽은 몸이 다시 죽지 않을 새 몸을 받고 주 예수를 하나님과 왕으로 모시며 새 하늘과 새 땅에서 살게 될 것입니다.

하나님께서는 예수 그리스도를 세상에 보내시고 십자가에 달려 모든 죄인들의 죄를 대속하게 하셨습니다. 주 예수를 하나님이 보내신 구주로 영접하면 예수님의 부활 생명을 받습니다. 엘리사는 무덤에 있었지만 그의 뼈에 닿았던 시신이 다시 살아났습니다. 그의 죽음은 예수님의 죽음이 지닌 능력을 예시합니다. 누구든지 주 예수의 죽음에 닿는 자는 다시 살아납니다. 누구든지 주 예수의 죽음이 나를 죄와 사망에서 건져내는 대속적 죽음임을 믿으면 즉시 그리스도의 죽음과 부활과 승천에 한몸으로 연합됩니다. 그래서 그리스도의 죽음이 나의 죽음이 되고, 그의 부활이 나의 부활이 되며, 그의 승천이 나의 승천이 됩니다. 예수님이 하나님의 사랑하는 아들이시듯이 나도 그리스도 안에서 하나님의 사랑하는 자녀가 됩니다. 예수님의 십자가 죽음과 부활은 지금도 죽은 영혼들을 살리고 시든 신자들의 영혼에 생기를 불어넣는 새 소망의 원천입니다.

하나님께서는 지금도 예수 그리스도의 부활과 새 생명을 통해 죄인들을 구원하시고 새 언약에 신실하지 못한 주의 자녀들에게 새 삶의 길을 제시하십니다.